LECTURA VELOZ

La mejor memoria para mejorar, lectura rápida y mayor productividad

(Aprende a leer y entender más rápido)

Gad Baca

Publicado Por Jason Thawne

© **Gad Baca**

Todos los derechos reservados

Lectura Veloz: La mejor memoria para mejorar, lectura rápida y mayor productividad (Aprende a leer y entender más rápido)

ISBN 978-1-989891-22-3

Este documento está orientado a proporcionar información exacta y confiable con respecto al tema y asunto que trata. La publicación se vende con la idea de que el editor no esté obligado a prestar contabilidad, permitida oficialmente, u otros servicios cualificados. Si se necesita asesoramiento, legal o profesional, debería solicitar a una persona con experiencia en la profesión.

Desde una Declaración de Principios aceptada y aprobada tanto por un comité de la American Bar Association (el Colegio de Abogados de Estados Unidos) como por un comité de editores y asociaciones.

No se permite la reproducción, duplicado o transmisión de cualquier parte de este documento en cualquier medio electrónico o formato impreso. Se prohíbe de forma estricta la grabación de esta publicación así como tampoco se permite cualquier almacenamiento de este documento sin permiso escrito del editor. Todos los derechos reservados.

Se establece que la información que contiene este documento es veraz y coherente, ya que cualquier responsabilidad, en términos de falta de atención o de otro tipo, por el uso o abuso de cualquier política, proceso o dirección contenida en este documento será responsabilidad exclusiva y absoluta del lector receptor. Bajo ninguna circunstancia se hará responsable o culpable de forma legal al editor por cualquier reparación, daños o pérdida monetaria debido a la información aquí contenida, ya sea de forma directa o indirectamente.

Los respectivos autores son propietarios de todos los derechos de autor que no están en posesión del editor.

La información aquí contenida se ofrece únicamente con fines informativos y, como tal, es universal. La presentación de la información se realiza sin contrato ni ningún tipo de garantía.

Las marcas registradas utilizadas son sin ningún tipo de consentimiento y la publicación de la marca registrada es sin el permiso o respaldo del propietario de esta. Todas las marcas registradas y demás marcas incluidas en este libro son solo para fines de aclaración y son propiedad de los mismos propietarios, no están afiliadas a este documento.

TABLA DE CONTENIDO

PARTE 1 1

CAPÍTULO 1 2

CAPÍTULO 2 5

CAPÍTULO 3 7

CAPÍTULO 4 10

CAPÍTULO 5 13

- Técnica de pauta manual 13
- Saltarsepalabraspequeñas 14
- Minimizar sub-vocalización 14
- Maneras para eliminar la sub-vocalización 15

CAPÍTULO 6 18

- Agrupar palabras 19
- "Skimming" 20
- Programa AccelaReader en el internet 20
- Regresión 21
- Niveles de concentración 22
- La velocidad de lectura promedio es de 150-300 palabras por minuto. 24
- Los Mecanismos de la Lectura 25
- PARTE A: Prepárase a Usted Mismo 28
- PARTE B: Aprenda las Técnicas 30
- Familiarícese con el texto 32
- Aprenda eficientes movimientos oculares 33
- PARTE C: Plan de Mantenimiento de Lectura Rápida 36
- Como Incrementar La Habiliad De Que Tus Ojos Procesen Información 53
- Como Incrementar Tu Promedio de Absorción 56
- Como Incrementar La Habilidad De Tú Cerebro Para Comprender Mientras Lees 58

CAPÍTULO 7 74

- Sugerenciaspara leer velozmente 74

PARTE 2 .... **77**

INTRODUCCIÓN **78**

La lectura de velocidad es la concentración! 81
El lenguaje universal. 84
Tus ojosya son asombrosos 90
Tu capacidad de lectura pronto-a-ser-súper 97
PRUEBE SU VELOCIDAD DE LECTURA **99**
"IZQUIERDA VS DERECHA" ¿De quéladoestás? 101
Estimulaciónquímica1 124
Estimulaciónquímica 2 127
Técnicas de lecturaenprofundidad 134
1. Establecer el propósito 138
¿Quéquieroaprender de este material? 138
3. RevisarPropósito 141
4. Estudioenprofundidad. 142

EL FIN **146**

Parte 1

Capítulo 1

¡Imagina estar entre el top del 1 % de lectores en el mundo y ser capaz de leer 1,000 palabras por minuto (PPM) y comprender el 85 % de lo que acabas de leer! Estarás 800 palabras por encima del lector promedio quien solo lee 200 ppm y típicamente comprende el 60 %.

¿Alguna vez has amado un libro que simplemente has querido terminar de leerlo y comenzar a leerlo otra vez inmediatamente? Si aprendes a leer con velocidad entonces serás capaz de sin perder demasiado de tu precioso tiempo. ¿O eres un estudiante que tiene que leer libros que en realidad no quieres y solo desearías poder leerlo súper rápido y terminar con él pero aun así retener el contenido? Bien, aprender a leer velozmentetedaráexactamenteeso.

Hay varias técnicas que son usadas para mejorar la velocidad de lectura de un individuo. Fragmentar y eliminar o reducir la sub-vocalización son solo 2 técnicas comúnmente usadas. Aprender como leer velozmente te permitirá expandir tu visión para permitirte leer carias palabras de una simple mirada y te permitirá leer verticalmente,así como también horizontalmente sobre la página, permitiéndote abarcar diferentes párrafos de una sola vez.

Una pregunta común es ¿porqué no aprendemos a leer velozmente desde una edad temprana? La razón de esto es porque cuando estas aprendiendo a leer tienes que hacer que la palabra suene, al principio debes decirlas en voz alta y después, mientras tu lectura mejora, lees las palabras en tu cabeza. A esto se le llama subvocalización. Una vez que te conviertes en un lector eficiente es posible "des-aprender" esta habilidad para acelerar tu velocidad de lectura.

Algunos de los beneficios de leer velozmente son capacidad cerebral mejorada, habilidad de ganar más dinero, incrementar la confianza en uno mismo, incrementar la comprensión y, más importantemente, te dará más tiempo en tu día. Lo único en la vida que no importa que tan duro te esfuerces nunca podrás obtener más.

Continúa leyendo para averiguar cómo convertirte en un lector veloz y experimentar todos los beneficios y más. Sépaciente al aprendercomo leer con velocidad. Al principio puede que no comprendas gran parte de lo que estás leyendo al probar varias técnicas. Tu cerebro es propiciador de esta adaptación pero tomará un poco de tiempo para que ocurra. Todo lo que necesitas son 20 minutos al día para mejorar tu aptitud en velocidad de lectura.

Capítulo 2

La lectura veloz ha existido por un largo tiempo, desde principios del siglo 20. Esta fue una época cuando hubo un incremento de libros que eran publicados. Había más libros siendo publicados que gente que era capaz de leer, así que la gente empezó a crear maneras más rápidas para revisarlos todos. No está documentado nada sobre quien empezó a crear las técnicas de lectura veloz en ese entonces, pero existe documentación de Evelyn Wood.

Evelyn Wood fue una investigadora y una maestra de escuela en los 50's y es potencialmente la primer persona en descubrir la lectura de velocidad. En 1958 ella descubrió que el movimiento de barrido de su mano a través de la página capto la atención de sus ojos y fue capaz de leer el texto más rápido. Esto es ahora conocido como la técnica de pauta de mano y es usada alrededor del mundo para incrementar la velocidad de lectura de mucha gente. Ella después enseñó lo que había descubierto a estudiantes universitarios.

La fuerza aérea de los Estados Unidos implementó el taquistoscopio a su entrenamiento. Este dispositivo muestra una imagen por cierta cantidad de tiempo y después la remueve. Este fue usado para entrenar a pilotos a reconocer al enemigo más rápido y fue benéfico.

Capítulo 3

Previamente fue pensado que tus ojos se enfocan en letras específicas dentro de una palabra, ahora se entiende que tus ojos se enfocan en diferentes letras al mismo tiempo, usualmente dos caracteres separados. Tu cerebro ordena estas letras para formar la palabra como la ves. La idea de leer es ser capaz de entender lo que estás leyendo. Cuan bien comprendes lo que estás leyendo es determinado por tu velocidad de lectura, la amplitud de tu vocabulario y tu grado de familiaridad con la materia.

Los tres tipos diferentes de lectura determinarán cuan rápido lees un texto.

- Lectura mental (también conocida como sub vocalización) es hacer sonar cada palabra en tu cabeza mientras lees. Los lectores mentarles usualmente leen aproximadamente 250 palabras por minuto.
- Lectura Auditiva es hacer sonar las palabras y los lectores auditivos pueden leer aproximadamente 450 palabras

por minuto.
- Lectores visuales no necesitan hacer sonar la palabra- ellos entienden el significado de la palabra y los lectores visuales pueden leer aproximadamente 700 palabras por minuto.

Existen varias fases en el proceso de lectura, de acuerdo a Buzan. Todos estos procesos necesitan ser mejorados si quieres aprender como leer velozmente.

1. **Reconocimiento: El conocimiento de símbolos alfabéticos**
2. **Asimilación: El proceso físico en el cual luz es reflejada por la palabra, recibida por el ojo y transferida a través del nervio óptico hacia el cerebro.**
3. **Intra-Integración**: El entendimiento básico. Logrado al conectar diferentes partes de la información.
4. **Extra-Integración: El proceso de conectar tu conocimiento previamente obtenido con la nueva información que estas aprendiendo.**
5. **Retener**: El almacenamiento de información.
6. **Recordar**: La habilidad de acceder a tu

información almacenada.
7. **Comunicación:** La habilidad de compartir tu información almacenada por medio de hablar, escribir y visualizar, por ejemplo, pero también solo con pensar en ello – compartiéndola contigo mismo en tu cabeza.

(Buzan, Lectura veloz, pg. 25,26)

Capítulo 4

El tiempo es lo más preciado en la vida pues es algo que no puedes obtener de vuelta. Tus éxitos y fracasos en la vida se rigen por cuan efectivamente usas tu valioso tiempo. Al aprender como leer velozmente tendrás más tiempo en la vida para hacer otras cosas importantes, como pasar tiempo con amigos y familia, trabajar en asignaciones y disfrutar de tu vida social.

Lo creas o no, el leer velozmente incrementa, de hecho, tu comprensión de lectura. Esto es porque estás leyendo varias palabras a la vez y así eres capaz de comprender el significado de las palabras en contexto. Esto incrementará tu vocabulario y conocimiento general. Tu cerebro te lo agradecerá

Mejorará tu memoria; mientras más uses tu cerebro, más fuerte será. Mientras más información alimentes a tu cerebro, más recordarás. La lectura veloz te permite asimilar la información más rápido. Entenderás cosas recién aprendidas más claramente.

La memoria es un aspecto de creatividad así que tu lado creativo puede incrementar también.

Lógica mejorada – Piensa en la lectura veloz como un ejercicio para tu cerebro. Tu cerebro se vuelve más eficiente al clasificar información y encontrar correlaciones a otros fragmentos de información previamente clasificados. Esto mejorará tu proceso de pensamiento lógico. Mientras incrementas tus habilidades de lectura veloz, encontrarás que tu habilidad para jugar juegos de lógica como el ajedrez, mejorará.

También te permitirá enfocarte en más tareas. ¿Cuántas veces has estado leyendo y has sido distraído por algo que está pasando a tu alrededor? Leer velozmente te fuerza a enfocarte en la tarea que nos ocupa y, por eso, entrena a tu cerebro a enfocarse en otros aspectos de tu vida también.

Niveles más elevados de auto-confianza y bienestar emocional puede ser también alcanzados si eres capaz de leer más rápido en cualquier área que te interese y puedas comprender más de lo que estás leyendo si aprendes a leer velozmente de la manera correcta. Al estar más enfocado en la lectura, estas limitando tus pensamientos en otras áreas de tu vida. Es una forma de meditación activa. Estarás mucho más cómodo al tener conversaciones con gente con todo el conocimiento adquirido a través de la lectura.

Al retener más de la información que lees podrías, potencialmente, acceder a mejores empleos – ya sea un ascenso en tu trabajo o alcanzar un mejor trabajo. Ser conocedor es poderoso y los empleadores quieren ver esto cuando buscan a empleados. Ser capaz de leer velozmente puede, potencialmente, permitirte obtener educación en línea o formal avanzada en la mitad del tiempo que lo harías sin esta habilidad.

Capítulo 5

Hay muchas técnicas diferentes usadas para leer velozmente, y aquí se enlistan:

Técnica de pauta manual

Usatumanocomounaguíaparatusojos. Esto también ayuda con otros hábitos de lectura, como la fijación. Puedes utilizar un indicador como un bolígrafo, una regla o cualquier otro objeto indicador. Simplemente mueves entre o de arriba abajo por las líneas con lo que sea que estas usando para pautar tu lectura. Eres capaz de convencer a tu cerebro a leer el texto más rápido. Esto reducirá la regresión y eliminará distracciones.

Hay diferentes métodos de pauta manual que pueden ser usados como el zigzag, el cual involucra el mover tu dedo diagonalmente tres líneas y después de regreso – te permite escanear un área grande; el movimiento es ahuecando tu mano con tus dedos juntos y puedes mover de izquierda a derecha, permitiéndote agrupar tus palabras, saltando 3-4 palabras en cada punto.

Intenta diferentes métodos de pauta manual para ver cual trabaja mejor para ti. Una combinación de los métodos puede ser usada, dependiendo que es lo que encuentres más benéfico.

Saltarsepalabraspequeñas

No todas las palabras necesitan ser leídas en un texto. Palabras de enlace pueden ser saltadas, pues no te proporcionan la información sobre el texto. Ejemplos de estas palabras son: es, como, a, el, mientras, tu y porque. Tu cerebro aun las leerá pero sin gastar la misma cantidad de tiempo de procesamiento en ellas y serás capaz de acelerar la manera como lees un texto.

Minimizar sub-vocalización

Esto significa reducir la pronunciación de cada palabra en tu cabeza mientras estás leyendo el texto. Esto toma más tiempo para leer un texto, pues tu cerebro lo entiende más rápido de lo que puede ser dicho. Cuando estás leyendo, estas continuamente procesando el texto que lees, estas obteniendo un entendimiento del significado del enunciado desde la primera palabra pero no entiendes el significado completamente hasta que alcanzas el final del enunciado.

Maneras para eliminar la sub-vocalización

- Enunciados que están formados por un numero de frases o "unidades de pensamiento", lo cual es la fragmentación de palabras en frases dentro de un enunciado. Leer y recordar usa mucho de tu cerebro y requiere mucho pensamiento. Tus neuronas hacen lo mejor para ir tan rápido como pueden. Al leer unidades de pensamiento dentro de un enunciado, eres capaz de fragmentar los conceptos y entender el texto más y más rápido.
- Admitir que lo estás haciendo y después tener que practicar no decir las

palabras mientras las lees.
- Preocupa tu boca con algo mientras estás leyendo y desengancha el mecanismo de habla en el cerebro. Esto permite que el proceso de entendimiento del texto sea más rápido, pues permite al texto ir directamente hacia nuestra percepción consiente y tu cerebro no está constantemente descifrando como pronunciar las palabras primero. Tu cerebro no está diciendo cada palabra mientras la lees. Masticar una pieza de goma de mascar engancha tus cuerdas vocales y previene a tu cerebro pronunciar las palabras que lees.
- Necesitas seguir practicando las variadas técnicas, hasta que se vuelva natural y no necesites sub-vocalizar cuando lees.
- Tararear o cantar es una manera de distraerte a ti mismo y evitar decir las palabras en tu cabeza.
- Escuchar música ayudara a minimizar la sub-vocalización pero también ayudara a concentrarte. Necesitas asegurarte de

que no sea música que te distraerá de tu texto, y te haga pensar en otros pensamientos mientras deberías estar enfocado en leer.

- Mientras estás leyendo, cuenta en tu cabeza o en voz alta. Después de practicar esto por un periodo, no necesitaras continuar contando, puesto que tu cerebro ha aprendido a no decir las palabras en tu cabeza.

Capítulo 6

No hay necesidad de enfocarse en cadapalabraque lees. Tus ojos y cerebro te permiten ver y escanear alrededor de 4-5 palabras por segundo. Para permitir que tu visión periférica incremente, necesitas relajar tu vista cuando lees. Relaja tus ojos y cara y empezarás a ver grupos de palabras, en lugar de cada palabra individual. Para cuando termines el enunciado, podrás escanear el siguiente enunciado usando tu vista periférica.

Otro método para incrementar el uso de tu vista periférica es enfocarte en el centro del texto y dejar que tu vista periférica lea las palabras de fuera. Para aprender tú mismo como hacer esto, puedes empezar a leer desde 4 palabras dentro a partir de la primera palabra de cada línea y terminar 4 palabras a partir de la última palabra. Repite este proceso hasta el final del texto, solo permitiéndote leer cada línea por ½ segundo. No hagas esto por más de 4 minutos. Cuando estas empezando este ejercicio puede que no comprendas nada del texto que estés leyendo; tomará práctica.

Minimiza el número y duración de fijacionesporlínea. No lees tu texto horizontal a través de tu página, sino de arriba a abajo de tu página – verticalmente.

Agrupar palabras

Esta técnica es también conocida como fragmentación. En vez de leer una palabra a la vez, agrupas palabras. "El maestro pidió al nuevo estudiante que se levantara frente a la clase y se presentara" así es como la mayoría de la gente leerá ese enunciado "El-maestro-pidió-al-nuevo-estudiante-que-se-levantara-frente-a-la-clase-y-se-presentara" Agrupar significa que desglosas el enunciado para leer varias palabras de una vez para que el enunciado sea leído así "El maestro pidió-al nuevo estudiante en clase-levantarse, presentarse". Esta es una habilidad que necesita ser practicada y, lentamente, incrementar la cantidad de palabras que puedes leer en un grupo. Empieza a agrupar dos palabras a la vez y después empieza a incrementar a tres, eventualmente, deberías ser capaz de agrupar hasta seis o siete palabras en tu texto.

"Skimming"

Estoinvolucrabuscar en el textopistas de significado. En un documento legal podría significar buscar sub encabezados, palabras en negrito o en cursiva. Para adultos, esto sale naturalmente, pero para algunos, esto es un proceso aprendido. Puede resultar un una comprensión más baja del texto completo, así que, si necesitas leer cada palabra, entonces esta técnica no es para ti.

Programa AccelaReader en el internet

Este programa, AccelaReader, usa Presentación Visual Serial Rápida, y te fuerza a leer velozmente. Puedes elegir la velocidad a la cual quieres leer y también tienes la opción de agrupar palabras. Esto permitirá a tu cerebro acostumbrarse a leer velozmente. Copia y pega el texto en tu caja de texto, obviamente tiene sus limitaciones y no puedes leer una copia impresa de un libro dentro del programa. Estoteenseñará a eliminar la sub-vocalizacióntambién.

Regresión

Esto es material de lectura irrelevante para lo que tú estás leyendo. Es muy común el saltar de regreso a palabras que has leído en la página y posiblemente saltar de vuelta a algunos enunciados para revisar que lo has leído bien. Particularmente para contenido nuevo o algo con lo que estas desfamiliarizado. Pierdes el flujo de tu lectura y puede afectar el entendimiento de lo que estás leyendo. Para detener la regresión, puedes usar un dedo para señalar a lo largo de la línea que estás leyendo, o un objeto, como un bolígrafo.

Obviamente, mientras más rápido muevas

el indicador, mas rápido leerás el texto. Para entrenar tu cerebro a eliminar la regresión; haz esto al no permitirte a ti mismo leer otra vez lo que acabas de leer.

Niveles de concentración

Necesitas estar en un ambiente libre de distracciones para acelerar tu velocidad de lectura. Al tener menos distracciones puedes enfocarte en tu lectura. Sí, es posible hacer tareas múltiples al leer mientras ves TV, pero tu concentración en el texto disminuye y se vuelve más difícil incrementar tu velocidad de lectura. Las distracciones no siempre son visibles como lo es una TV o los niños. Puede ser también el pensar cuando es que harás tus compras navideñas o que es lo que quieres cenar esa noche. Esto no te permite enfocarte en la tarea de leer. La concentración es particularmente importante cuando se empieza a aprender como leer velozmente. Necesitas asegurarte de que la luz es la ideal para leer, también. Esto ayudará a tu concentración.

La velocidad de lectura promedio es de 150-300 palabras por minuto.

La mayoría de nosotros tiene una velocidad de lectura natural de alrededor de 150-300 palabras por minuto. Este es un logro increíble si considera todas esas horas que invertimos en aprender a descodificar esos extraños caracteres que aparecieron en la página y realmente entenderlos.

Tomó mucho esfuerzo, un montón de paciencia y una gran cantidad de perseverancia, pero al final todos llegamos allí. Los sereshumanos son criaturasincreíbles y deberíamosestarorgullosos de nuestroslogros.

Pero si pensamos en cómo se ven esas 150-300 palabras en el mundo real, estaremos muy decepcionados. Tomando el extremo bajo como nuestro ejemplo, esto significa que nos tomaría 2 minutos leer solo una página de una novela promedio. Al poner esto en una perspectiva aún más amplia, esto significa que usted completaría una edición completa de la ahora infame "La Semana Laboral de 4 horas" de Tim Ferriss en unas dolorosas 12 horas o incluso más. ¿Quién en el mundo tiene ese tiempo para invertir?

Imagine leer ese libro en menos de la mitad del tiempo mientras sigue aprendiendo cada una de las lecciones que ofrece. ¿Cómo podría usar esas horas extras? ¿Cuánto más podría lograr en su vida si tuviera este poder a su alcance? ¿Y por qué no podemos leer así justo ahora?

Los Mecanismos de la Lectura

Supongamos por un momento que tienes un libro justo ahí en tus manos. Usted escanea la portada y abre sus páginas listas para comenzar a leer su contenido. Estoes lo que sucede a continuación:

1) **Fijación:** sus ojos se fijan en un punto del texto para usarlo como "bloque de inicio". Esta probablemente sea la primera palabra de la primera oración en la primera página.

2) **Sacada:** una vez que sus ojos hayan

captado la información allí, se moverán al siguiente punto de fijación, listos para seguir leyendo.

3) **Comprensión:**su cerebro ensambla las piezas y deduce el significado.

Suena simple, ¿verdad?

Pero la cuestión es que, si nunca se le ha mostrado de otra manera, probablemente se fijes en cada palabra y luego las junte para formar un significado en su cerebro. Obviamente, esto se traduce como un número absolutamente enorme de sacadas para una sola frase. Por ejemplo, el anterior contenía quince palabras increíbles que se traducen en quince saltos para tus pobres ojos cansados.

Y no solo esto. También podría:

- perderse la 'imagen más grande'

-necesitar regresar y volver a leer las secciones que no había entendido completamente.

-distraerse más fácilmente

-olvidar todo lo que acaba de leer

-sufrir de la fatiga ocular, como resultado de todo el esfuerzo adicional.

La lectura veloz podría ser la respuesta a todas sus oraciones, y le enseñaré cómo hacerlo de manera rápida y eficaz. Solo piense en el impacto que esto podría tener en su vida ... No más de un año de sesiones de lectura de novelas y no hay necesidad de atascarse en las primeras horas en algún libro de texto aburrido. Suenabastantebien, ¿verdad?

Ahora las cosas se van a poner divertidas. Estoy a punto de mostrarle la acciónprecisa que debetomar hoy para obtenerunalecturamásrápida y eficiente.

Haremos esto observando una imagen más amplia de nuestra experiencia de lectura y apuntando a cada área para llevar realmente sus habilidades a un nivel completamente nuevo y emocionante. Consideraremos su entorno y actitud, técnica y enfoque y, por último, lo alentaremos a que practique sus nuevas habilidades.

La lección se divide en tres partes: la Parte A le explica cómo prepararse a sí mismo y a su entorno para el éxito, la Parte B le enseña todo lo que necesita saber para aumentar su velocidad de lectura y aprender más de lo que esperaba y la Parte C le mostrará cómo juntarlo todo ¡Hagámoslo!

PARTE A: Prepárase a Usted Mismo

En primer lugar, debemos prestar atención a tres áreas clave que, cuando se realizan correctamente, tendrán un impacto casi instantáneo en sus velocidades de lectura naturales y lo llevarán a un gran comienzo. Estos son: entorno, enfoque y actitud.

Entorno

Haga que su entorno sea el correcto y podrá concentrarse completamente en el texto y extraer todo lo que necesite sin esfuerzo. También se sentirá más cómodo y podrá leer por períodos más prolongados sin la necesidad de tomar todos esos recesos frecuentes y distractoras.

Asegúrese de estar sentado en un lugar cómodo sin ser demasiado informal. Mantenga su columna vertebral lo más recta posible para ayudarlo a mantenerse enfocado y proteger su espalda. Si está leyendo para el trabajo o la universidad, realmente ayuda sentarse en un escritorio. También asegúrese de que el libro se encuentre a una distancia cómoda de su cara y se mantenga en un ángulo de aproximadamente 45 grados. Juegue un poco con esto hasta que descubra lo que funciona para usted. No debería tener que entrecerrar los ojos o tensar sus músculos de ninguna manera, así que solo relájese y sonría.

Enfoque

El enfoque es clave cuando se trata de mejorar su velocidad de lectura. Si no puede "estar en la zona", no podrá leer de manera efectiva (si es que lo hace) y seguramente no aprenderá nada.

Deshágase de todas las distracciones que puedan interponerse entre usted y su verdadero poder de lectura; apague la televisión, coloque su móvil en modo silencioso y despeje su mente para la emocionante tarea que tenemos por delante.

Actitud

La confianza en sí mismo lo es todo. Hará la diferencia entre el fracaso y un éxitoexcepcional. Puede hacer esto y necesita recordárselo regularmente. Un poco de confianza en sí mismo ayuda mucho con la motivación y el logro de cualquier cosa.

PARTE B: Aprenda las Técnicas

Es hora de aprender esas técnicas de lectura rápida que marcarán toda la diferencia. Aprenderá a usar ambos ojos de la manera más efectiva posible, superar los obstáculos que lo frenan y aprender algunos trucos efectivos para la atención y el enfoque.

1) Seleccione su texto cuidadosamente
Adelante, elija el texto más fácil que pueda encontrar y no se preocupe por lo que piensen los demás. Todos debemos aprender a caminar antes de poder correr, y mantenerlo simple en los primeros días es la manera perfecta de hacerlo. Pronto sorprenderá a la gente con cosas más complejas.

2) Aborde la subvocalización

La subvocalización es cuando dice lo que está leyendo "en voz baja" y mueves tus labios. A todos nos dijeron que hiciéramos esto en la escuela durante los primeros días, pero afortunadamente la mayoría de nosotros dejamos el hábito a tiempo. Y algo bueno también: la subvocalización es un gran obstáculo cuando se trata de una lectura de velocidad efectiva, ya que es imposible leer rápidamente cuando está limitado por la velocidad de sus músculos orales.

La respuesta es ocupar su boca para que deje de moverse cuando lee. Puede hacer esto con un chicle, o incluso sosteniendo una pluma entre sus dientes.

3) Use un puntero

¿Alguna vez encuentra que sus ojos se desvían de la página por solo un segundo, lo que resulta en una interrupción en la concentración? El secreto aquí, que lerecomendaría a todos al comenzar, es usar un puntero como un dedo o un bolígrafo para hacer un seguimiento de su ubicación en la página y moverlo a medida que avanza en el texto.

Naturalmente, nuestros ojos se alejan brevemente de la página al leer, por lo que al usar un puntero, podrá hacer un seguimiento de su posición en la página y mantener su enfoque. Este es un truco especialmente útil para las personas que se distraen fácilmente o que padecen afecciones como el TDAH.

Una técnica avanzada de lectura de velocidad es mover el puntero ligeramente hacia adelante en la página y ligeramente más rápido que la velocidad de lectura habitual. Si esto se hace con la suficiente sutileza, su velocidad de lectura aumentará naturalmente en un esfuerzo por mantenerse al día y mejorará casi sin ningún esfuerzo. Pruébelo usted mismo.

4) Use sus ojos efectivamente

Ahora nos estamos moviendo hacia el meollo del asunto de la lectura, así que asegúrese de tener ese libro frente a usted y ¡prepárese para leer!

Familiarícese con el texto

En primer lugar, necesita saber qué

esperar de ese libro que está a punto de abordar, así que siga adelante y eche un vistazo a la portada, el material posterior y algunas de las páginas interiores.

¿Cuál es el tema que importa? ¿Qué esperas entender de este libro? Y así.

Es muy útil hojear rápidamente todo el libro para ver el tipo de lenguaje que se utiliza y comprender el diseño del tema si lo desea (sí, incluso si está comenzando con un libro para niños). Una vez que haya hecho esto, pase a la primera página del primer capítulo, lea para comenzar.

Aprenda eficientes movimientos oculares

Muchas personas aún se enfocan individualmente en cada palabra en una página y, como resultado, hacen que el progreso sea lento y doloroso en cualquier libro. Ahora estoy a punto de mostrarle cómo optimizar sus esfuerzos y hacer que esos ojos se muevan de manera eficiente y rápida a través de cualquier texto, mientras retiene el 100% de la información y alcanza el 100% de comprensión. Y cuando le diga lo simple que es hacer esto, realmente se sorprenderá.

El movimiento eficiente de los ojos significa leer grupos de dos o incluso tres palabras a la vez. Esta es la lección central de todo el curso de lectura veloz, así que tómese su tiempo para entender esto e implementarlo. La lectura de esta manera limitará la cantidad de fijaciones (paradas) y de sacadas (saltos) que sus ojos deben realizar en cada línea y realmente harán que sus habilidades de lectura se desempeñen de la mejor manera posible.

La idea de agrupar palabras no es nada nuevo en el campo de la lectura veloz y es extremadamente efectiva si lo hace agrupando las palabras en patrones de lenguaje natural.

Las palabras en todos los idiomas se dividen naturalmente en grupos (también conocidos como frases) que trabajan juntos para formar un significado. Podemos aprovechar esta tendencia para aumentar realmente la velocidad a la que podemos comprender el texto que tenemos delante.

Y antes de preocuparse por cómo va a

abordar una tarea tan aparentemente enorme, no se preocupe. Simplemente al ser un hablante nativo del idioma, tendrá un sentido innato de cómo están estructuradas estas frases, y le resultará muy fácil entenderlo.

Aquí hay un ejemplo de un texto corto dividido en tales frases::

Este es un gran ejemplo de un texto que podría estar leyendo en su vida diaria.

Por supuesto, tomará algo de práctica para hacerlo bien, pero valdrá la pena todo el trabajo duro. Al utilizar esta técnica, su cerebro podrá fragmentar y procesar la información de manera eficiente

Pero recuerde, no existe una forma correcta o incorrecta de formar tales grupos de palabras para leer con rapidez, así que haga lo que mejor le funcione.

Su misión ahora es comenzar a leer el libro que tenga con usted ahora, identificando el grupo natural de palabras y leyéndolos juntos. Párese aquí y vaya tan lento como necesite. Está aprendiendo algo nuevo, así que tómese su tiempo.

Una vez que haya aprendido a hacerlo, aumente ligeramente su velocidad y practique en este nivel durante un corto período de tiempo hasta que se sienta cómodo nuevamente.

Seguirá aumentando su velocidad en pequeños saltos como este hasta que haya alcanzado un nivel superior de comodidad. Como nuestro objetivo es alcanzar el 100% de la comprensión y la velocidad, le insto a que no se esfuerce más allá de esto. No es una carrera, se trata de usted y de su poder personal.

PARTE C: Plan de Mantenimiento de Lectura Rápida

¡Es hora de reforzar todo lo que ha aprendido y poner a trabajar sus nuevas habilidades! Necesitas hacer esto practicando, leyendo más libros y también probándose a usted mismo.

Practique

Cada habilidad debe ser practicada regularmente para poder avanzar de un nivel promedio a uno impresionante. Al practicar, pasará de tener que hacer un esfuerzo consciente hacia la lectura rápida en piloto automático. Esto significa que podrá concentrarse por completo en el texto mismo y en lo que significa para usted, sin tener que preocuparse por la técnica.

Lea más libros

Cuantos más libros lea, mejor lo hará. Ahora que puede leer incluso más rápido que antes, piense en lo que podría lograr. Tiene el potencial de cambiar su vida más allá de sus sueños más salvajes. ¡Salga a navegar en los mejores libros que pueda encontrar!

Pruébese a sí mismo

Su increíble progreso con la lectura veloz será muy evidente para usted en cada momento de su vida, por lo que no hay necesidad de probarlo en absoluto, si no lo desea.

Sin embargo, las pruebas pueden ser una

muy buena manera de medir su progreso en cualquier área, por lo que le recomiendo que lo intente ahora. Hágalo al comienzo de su viaje y en determinados puntos, todo para ver cómo está progresando. Incluso puede establecer objetivos que lo ayuden a mejorar, por ejemplo, "Para el próximo sábado aumentaré mi velocidad de lectura en 20 palabras por minuto".

Todo el mundo quiere alcanzar su máximo potencial y disfrutar al máximo de su vida, pero sin las habilidades adecuadas, esto nunca sucederá, y usted podría estar deseandohaber invertido el esfuerzo cuando podía y haber hecho esos cambios que son realmente importantes.

Ahora es su oportunidad de hacerlo. Tome las técnicas de lectura rápida de este libro y utilícelas para mejorar su vida, su lectura y su aprendizaje. Ahorrará un montón de tiempo y esfuerzo y redescubrirá el verdadero placer de leer. Después de todo, los libros pueden ser una fuente fantástica de alegría y relajación, así como de

aprendizaje. ¡Disfrútelo!
¡Gracias y buenasuerte!

Quiero agradecerte y felicitar por descargar el libro.

Este libro tiene todo lo que necesitas para triplicar tu velocidad de lectura.

Todos sabemos que el conocimiento es poder. Es por eso que tenemos la fuerte necesidad de adquirir tanto conocimiento como sea posible, ya sea para entretenimiento o desarrollo personal. Pero hay un problema; no contamos con todo el día para obtener este conocimiento. De hecho, muchos de nosotros estamos tan ocupados que con dificultad tenemos tiempo de obtener la información especialmente cuando esta en forma escrita.

Desafortunada o afortunadamente, dependiendo de cómo lo veas, tienes muy poco tiempo para leer limitada cantidad de información. Buen, aun si tienes una gran voluntad y motivación para leer todo lo que caiga en tus manos, verdaderamente no puedes hacer mucho si tu velocidad de lectura "normal" es como para llevarlo bien. Obviamente, esto pone límites en lo que puedes hacer en lo que a leer te concierne. No solamente quieres estar leyendo por varias horas hasta terminar cuando se supone que debes estar haciendo otras cosas importantes.

La mejor solución para eso es aprender a leer más rápido así puedes leer más en menos tiempo. Si estas cansado de perder varios días leyendo la última novela o revista que tu amigo te presto, entonces en realidad necesitas acelerar tu velocidad de lectura. Este libro tiene toda la información que necesitas para hacer esto posible. Aprenderás las estrategias básicas, después las intermedias para acelerar tu velocidad de lectura.

Gracias nuevamente por descargar este libro, ¡espero que lo disfrutes!

Salio cierta prueba de velocidad de lectura con las siguientes velocidades típicas para humanos en conjunción la comprensión teórica, en varias etapas de desarrollo educacional:

*150 palabras por minuto – estudiantes de 3° grado

*250 palabras por minuto – estudiantes de

8° grado

*300 palabras por minuto – adulto promedio

*450 palabras por minuto – estudiantes promedio de universidad

*575 palabras por minuto – ejecutivo promedio de alto nivel

*675 palabras por minuto – profesor promedio de universidad

*1,500 palabras por minuto – lectores veloces

*4,700 palabras por minuto – campeón de lectura veloz

Si pones estos promedios en un contexto significativo y les aplicas la clase de lectura rutinaria seria que el conjunto súper exitoso prefiere, estarás triste de darte cuenta que, para la mayoría de las personas, las palabras están tomando precedencia. Toma el ejemplo de los blogs y los periódicos por ejemplo. Supón que lees veinte artículos de 500 palabras diarias. Si lees a una velocidad promedio de 300ppm, gastaras al menos 30 minutos diarios en esa parte de tu rutina, incluyendo fines de semana. Pero eso es solo el calentamiento. Consideremos las revistas. Una página típica de texto en una publicación ordinaria seminal, como The New Yorker, Forbes, y siilares, contienen aproximadamente 900 palabras. Cada edición básicamente va de 60 a 150 páginas. Supón que cada publicación contiene 100 páginas, ahí hay un porcentaje de 50/50 de compartir en términos de editorial y páginas de publicidad, y crees que cuando menos la mitad de estas páginas tienen contenido de valor. Si lees a 300ppm, te tomará cuando menos setenta y cinco minutos para navegar en una sola revista. Por otro lado, los tipos súper exitosos no leen solamente una publicación. Supón que el número es de alrededor de 5, de las cuales se entregan una vez a la semena. Cuando aplicas los cocientes explicados arriba, terminas con un tiempo total de lectura de 50 minutos diarios, llévalo a un mes completo. Hasta ahora, nos hemos comido casi 1 ½ hora diaria, sin siquiera incluir libros – ya sea una novela al azar, la biografía de un emprendedor popular, o el último best seller financiero. Siguiendo con el ejercicio, asume que hay 100,000 palabras en cada libro, y esperas leer cuando menos un libro al mes. Con las usuales 300 palabras por minuto, termina con un agregado de once minutos diarios. También puedes estar inclinado a consultar una guía de Cómo – Hacer o libro de texto, así que redondearemos la carga del libro a quince minutos por día, lo que nos da un total de 98 minutos al día.

Pero no hemos finalizado. Que hay acerca de todos esos textos, correos electrónicos, y discusiones de Google Plus, sin mencionar cualquier interacción activa con los autores. Cuando esto va al sector de las finanzas personales, necesitaras uno o dos boletines para asegurarte que no pierdes una tendencia trivial pero relevante.

En general, al promedio de 300ppm, no es sorprendente tener un horario de cuando menos 2 horas de lectura diaria, solo ara estar en contexto – cuando no estas comprometido en otras cosas como tiempo familiar, comiendo, y trabajando.

Con una velocidad de lectura de 600

palabras por minuto, aun tendrías una rutina diaria intensa, pero eficientemente te regresa una hora de lectura diaria, lo que totaliza un día completo de lectura a la semana. Esto no es un lujo – esto es un factor necesario para mantenerse.

Entonces ¿cómo lo haces? Simple: empiezas parando esos malos hábitos que te imposibilitan leer rápido.

La mayoría de las personas generalmente tienen cuando menos un hábito de lectura que tiende a volverlos lentos. Para poder ser un mejor lector, necesitas sobrepasar esos hábitos pobres, y después abrir caminos a técnicas nuevas y efectivas de lectura. He aquí varios de los más notorios hábitos de lectura, y como atacarlos.

Sub-vocalización

Este es el hábito de repetir cada palabra en tu mente mientras la lees. La mayoría de los lectores hacen esto de alguna forma. Durante la sub-vocalización, escuchas las palabra que has leído repetirse en tu mente. Esto consume más tiempo del requerido, ya que comprender una palabra es mucho más rápido que decirla. Sin embargo, necesitas aceptar que esa voz está presente en tu cabeza, antes de que puedas apagarla. Cuando te preparas para leer, sugiérete no repetir las palabras en la cabeza. Practica hacer esto hasta que hayas borrado este hábito por completo. También ayuda a leer bloques de palabras, ya que es más difícil sub-vocalizar un grupo de palabras. Cuando te deshaces solamente de la sub-vocalización, puedes aumentar tu velocidad de lectura de forma significativa partiendo desde el ritmo típico de 300 palabras por minuto.

Leyendo palabra por palabra

Leer palabra por palabra es más lento y puede hacerte perder el concepto general en lo concerniente con el contenido. De hecho, leer grupos de palabra ha demostrado ser mejor para el promedio de comprensión que leer una palabra a la vez. Considera el movimiento de tus ojos mientras lees esta sesión. ¿Estas leyendo una palabra a la vez o estas viendo bloques de 2, 3 o 5 palabras? Experimenta incrementando el número de palabras que lees por bloque. También puedes expandir los bloques de palabras que tomas en una sola fijación moviendo ligeramente más lejos el texto de tus ojos. Veras que tu velocidad de lectura se incrementa conforme aumentas el número de palabras que lees por bloque.

Movimiento ocular ineficiente

La mayoría de los lectores lentos tienen la tendencia de concentrarse en cada palabra, y después abrirse camino en cada línea. Tu ojo puede literalmente abarcar cerca de 3.75cm (1.5") de una sola vez. Esto se traduce como a 4 o 5 palabras para una página típica. A este efecto, la mayoría de los lectores no usan su visión periférica para ver las palabras al final de la línea. Puedes contrarrestar esto "suavizando" tu mirada cuando lees- relajando básicamente la cara y exponiendo tu mirada para ver grupos de palabras en lugar de palabra por palabra. Cuando practicas esto, encontrarás que tus ojos escanean más rápido a través del texto. Cuando llegas al final de la línea, usa tu visión periférica para ver el último bloque de palabras. Esto te permitirá echar una ojeada a través y sobre la línea subsecuente.

Regresión

Esto es lo innecesario de volver a leer el texto. Algunas veces puedes estar constantemente regresando a leer palabras que acabas de leer, o aun regresando a algunas oraciones solo para asegurarte de que has leído algo bien. Esta regresión te hace perder la estructura y flujo del texto, subsecuentemente sacrificando tu comprensión general. Ten muy presente la regresión, y evita volver a leer tu texto a menos que sea absolutamente necesario. Puedes reducir la cantidad de veces que regresa usando un señalador, el cual puede ser un bolígrafo, lápiz, o un dedo.

Concentración pobre

Si alguna vez has intentando leer mientras la televisión se encuentra encendida, entonces probablemente sabrás que tan difícil puede ser concentrarte en una sola palabra, deja a un lado varias oraciones organizadas juntas. Leer requiere de un ambiente que este libre de distracciones exteriores, o cuando menos mantenerlas al mínimo. Puedes mejorar tu concentración dejando de hacer múltiples tareas y removiendo cualquier distracción. Esto es un paso muy útil ya que puede ayudarte a leer varias páginas de texto fácilmente con una comprensión adecuada cuando combinas las técnicas de detener la sub-vocalización y leyendo bloques de palabras juntas. También ten cuidad de las distracciones internas. Si te estas preguntando que vas a preparar para cenar, o estas pensando en una discusión acalorada, puede afectar tu habilidad para consolidar información. La cosa con la sub-vocalización, es que fuerza a tu cerebro a poner atención a lo que estas leyendo, es por eso que con frecuencia escuchas gente argumentando que pueden leer mientras ven televisión al mismo tiempo. Necesitas poner un fin a este hábito si quieres convertirte en un lector eficiente.

Acercándote a la lectura lineal

Desde el primer día que llegaste a la escuela, te enseñaron a leer información a lo largo y hacía abajo, procesando cada palabra y oración en secuencia. El problema con este acercamiento en la lectura es que tiendes a concentrarte en materiales suplementarios de la misma forma con la que lo haces con la información núcleo. Puedes contrarrestar esto escaneando la página en particular y viendo los encabezados, y ubicando los puntos con viñetas y contenido en negritas. No hay una regla específica que dicta que debes leer un texto en el orden determinado que el escritor lo pensaba. Por lo tanto, haz un escaneo rápido, y decide lo que es necesario y que no lo es. Echa un vistazo a través de las pelusas, y concéntrate solamente en los materiales fundamentales. Mientras lees, fíjate en las pequeñas adiciones que los escritores agregan para hacer el contenido atractivo e interesante. No tienes que leer las anécdotas o ejemplos si ya tienes el punto. Si estas aprendiendo como leer rápido, grabar tu progreso es útil. Cuando monitoreas tu velocidad de lectura mientras estás entrenando, te permitirá reconocer los avances y, cuando no observes ninguno, determinas donde esta el problema y podrás corregirlo. Como tal, saber tu velocidad de lectura te será útil.

Hay tres cosas que debes medir:

Promedio de Lectura

Lo primero que debes medir es tu promedio de lectura. Esto envuelve el número de palabras que puedes leer en un minuto, sin importar la comprensión o memorización. Para calcular tu promedio de lectura, elige una página de un libro y determina el número de palabras que este contiene. Usando un cronómetro, lee la página y estima el tiempo que te lleva terminar la lectura. Este es tu promedio de lectura (PL), y se representa en palabras por minuto.

Velocidad de procesamiento

Una estimación verdadera de tu velocidad de lectura debe tomar en consideración la comprensión de contenido, representando por la velocidad de procesamiento. Mientras que la meta principal de la velocidad de lectura es incrementar tu velocidad de lectura, la meta principal de la lectura es entender. Por lo tanto, debes un alto promedio de lectura, y la habilidad de comprender al mismo tiempo. Antes de que midas tu promedio de comprensión, hay varias preguntas que te debes hacer después de medir tu promedio de lectura. Note que las preguntas deben ser escritas por otra persona. El porcentaje de comprensión será determinado por el número de preguntas que respondas correctamente. Por ejemplo, si tienes bien 8 de 14 preguntas, entonces tu velocidad de procesamiento es:

VP = 8 * 100 /14 = 57%

Velocidad de Memorización

Este es el número de palabras que puedes leer y entender en un minuto, lo cual se deriva de multiplicar tu VP por tu PL (en porcentaje). Por ejemplo, si encuentras que tu velocidad promedio fue de 600 palabras por minuto y tu velocidad de procesamiento fue 75 por ciento, entonces tu velocidad de memorización es:

600 * 0.75 = 450 palabras por minuto.

Es obvio que la meta de la velocidad de lectura es obtener una alta velocidad de memorización. Para que esto suceda, necesitaras tener una impresionante velocidad de procesamiento y promedio de velocidad. Una vez que has determinado tu velocidad de lectura, vale la pena saber que tan buena o mala es esta velocidad.

Hay tres aspectos principales de la lectura efectiva:

*La habilidad de tus ojos para procesar información

*Tu promedio de comprensión

*La habilidad de tu cerebro para entender la información que tú absorbas.

Como Incrementar La Habiliad De Que Tus Ojos Procesen Información

Antes de que puedas leer rápida y efectivamente, necesitas empezar con palabras en el texto. Tus ojos tienen la habilidad de absorber más información de lo que crees; intenta practicar los consejos que se dan más adelante para usar tu hardware visual al máximo.

No te concentres en cada palabra, especialmente aquellos en los que están al principio y final de línea.

A lo largo del día, usa tu visión periférica para ver objetos sin enfocarte realmente en ellos. Puedes usar la misma herramienta cuando lees. Empieza a leer desde la segunda o tercer palabra, y termina con la segunda o tercer palabra desde el margen, permitiendo que tu visión periférica para cubrir las palabras al borde.

Lee en bloques de palabras

Puedes pensar que tus ojos están siguiendo una línea de texto continuamente, pero de hecho están saltando de un lugar al siguiente, una acción referida como una sacada. Los puntos de foco son conocidos como impresiones o fijaciones. Para ilustrar esto, coloca un dedo sobre la pestaña de uno de tus ojos mientras esta cerrado, y después escanea lentamente una línea recta usando el otro ojo. Debes experimentar periodos aislados y distintos y movimientos de fijación. Cuando lees en bloques, puedes reducir las veces de fijaciones por línea e incrementar tu velocidad de lectura como resultado. Ya tienes la capacidad de leer más de dos palabras al hilo. Piensa en esto. ¿Recuerdas la última vez que ibas manejando por la autopista y echaste un vistazo para ver "Salt Lake City" o "New York City" en un letrero del camino? Las posibilidades son, que realmente no hayas leído cada palabra, diste un rápido vistazo y fuiste capaz de descifrar el significado del letrero. Cuando practicas, puedes ser capaz de incrementar tus palabras por fijación. Una meta efectiva es llegar a leer cada línea con 2 o 3 fijaciones solamente.

Usa un dedo, una tarjeta o pluma para marcar tu lugar

Tu sistema visual normal está diseñado para seguir el movimiento. Como tal, colocar una marca puede ayudar a tu hardware a trabajar efectivamente.

Para demostrar esto, sigue el ejemplo del ojo explicado arriba, pero usa el dedo índice de tu mano libre para guiarte de un lado a otro. En lugar de distinguir movimientos aislados, sentirás un movimiento fuerte. También puede ayudarte a evitar perder la posición y leer nuevamente. Barre tus herramientas preferidas a través y hacia debajo de la página.

Como Incrementar Tu Promedio de Absorción

Ahora que has aumentado tu visión periférica, el siguiente paso es incrementar el promedio en el cual procesas información. Los siguientes consejos serán útiles:

Enfoque

Para alcanzar la lectura efectiva, necesitas enfocarte. Obviamente no serás capaz de procesar el material que estas leyendo si tu mente esta en otro lugar. Como se dijo previamente, rastrear el ritmo usando una herramienta útil. Estar en el ambiente adecuado también puede ayudar a poner tus distracciones al mínimo.

Lee por ideas, en lugar de palabras

La idea detrás de leer es transmitir ideas y significado. Encontrarás que algunas de las palabras son más relevantes que otra. Por ejemplo, las palabras como "para, por, de, y el, la" y demás son relativamente irrelevantes, así puedes saltártelas productivamente sin perder el significado. En la siguiente oración:

"La niña fue a comprar helado a la tienda2 Puede obtener todo el significado leyendo "niña fue tienda helado".

Toma pausas

Usualmente hay un umbral donde encuentras dificultad para concentrase y continuar. Empiezas a leer menos palabras por minuto, un ejemplo excelente del principio de reducir el retorno en economía. Si esto sucede, deja el libro y toma un receso. Permítete navegación azarosa en el Internet, juega a atrapa con tu perro, haz un par de saltos, o toma un poco de agua o café. Ya que termino el receso, sigue con tu libro con energía rejuvenecida.

Practica ejercicios de velocidad

Esto es como un ejercicio de calentamiento, pero para tus ojos. No tienes que preocuparte por comprender la información. La meta es simplemente que tus ojos y cerebros se sientan cómodos con velocidades de lectura superior.

Calcula el tiempo que te toma terminar una página de un libro, y después intenta completar otra página en la mitad de tiempo. Haz esto cinco veces. Alternativamente, puedes usar herramientas en línea como Readfa.st o Accelerader, y ajusta las palabras por minuto a 1.5 o al doble de tu velocidad de lectura usual.

Como Incrementar La Habilidad De Tú Cerebro Para Comprender Mientras Lees

Sin importar la velocidad a la que tus ojos procesan las palabras, aun necesitarás la habilidad de comprender el significado de las palabras. Los siguientes consejos pueden ayudar a tu cerebro para mejorar tu promedio de comprensión:

Lectura previa del texto

Antes de leer el libro de portada a portada, prepara tu cerebro para lo que viene. Lee la portada y contraportada del libro, la tabla de contenidos, y las partes internas. También puedes ir a través del primer y último párrafo de cada capítulo, además los títulos y subtítulos. La ventaja de la lectura previa del material es que preparas tu cerebro informándolo de lo que es relevante y de lo que debes ser conciente, la misma forma en la que grabas afirmaciones ayuda a tu cerebro a concentrarse durante el día. La lectura previa también te puede dar una perspectiva más amplia, desde la cual puedes incorpora los detalles conforme leed.

Pregúntate las cosas con antelación

Esto es similarmente útil a la lectura previa. La meta es orientar a tu cerebro para la información que viene brindándole información previa y establecer el texto en contexto. Algunas cosas que debes preguntarte incluyen: ¿la idea principal, el tipo de escritura, y la intención del autor?

Varía tu velocidad de lectura.

Un buen escritor expresa la idea principal de un párrafo dado en el sujeto de la sentencia. Reduce tu velocidad de lectura cuando inicies un párrafo nuevamente para asegurarte de que entiendes bien lo que viene, e incrementa tu velocidad de lectura cuando complementes información.

Toma notas

Intenta resumir cada párrafo en una sola palabra o idea, y después escribe en los bordes, o toma notas visuales con la ayuda de mapa mental. Haz una revisión completa cuando hayas terminado la lectura regresando a la tabla de contenidos y analizando las ideas contenidas en cada sección.

Discútelo con otros

Si realmente quieres asegurarte que has entendido el material, habla a otras personas acerca de esto. Puedes hacerlo por ejemplo, formando o uniéndote a un club de lectura. Por otro lado, puedes enseñar a otra persona lo que has aprendido.

Echa Un Vistazo

Dar un vistazo te permite obtener suficiente información rápidamente desde el contenido que estas leyendo para poder determinar si te es relevante o no. También puede ayudarte a eliminar partes del material que no son muy importante en relación a la información que estas buscando. Después puedes regresar al texto para volver a leer las secciones relevantes. Cuando aprendes como dar una lectura rápida a través de la página, tu sub-vocalización también reducirá ya que simplemente no habrá suficiente tiempo para repetir las palabras que estas viendo en tu mente. Para este fin, cuando eliminas la paja y contenidos innecesarios, tu velocidad general de lectura también se aumenta significantemente.

Palabras clave

Cada oración contiene algunas palabras clave que constituyen el cuerpo de esa oración. Cuando identificas estas palabras clave, será más fácil entender la agenda principal de la una sentencia. Estas palabras clave son verbos y sustantivos de la oración. Por lo tanto, en la oración "La Compañía anuncio un cambio significativo en su política de producción", el significado completo se puede entender desde las palabras "compañía" "cambio" "producción" y "política". Como tal, el significado de la oración se lleva por solo 4 palabras, en lugar de las diez palabras en la primer oración. Aquí hay algunos ejemplos:

Every sentence contains some key words that constitute the body of that sentence. When you identify these key words, it will be easier to grasp the main agenda of the given sentence. These key words are the verbs and nouns of the sentence. Therefore, in the sentence "The Company announced a significant change in its production policy", the complete meaning can be gathered from the words "company" "change" "production" and "policy". As such, the meaning of the sentence is carried by 4 words only, as opposed to the ten words in the first sentence. Here are a few examples:

Ejemplos:

En algunos casos, la CoenzimaQ-10 ha demostrado aliviarfallas cardíacas congestivas

La película se transmitió por un periodo de tres semanas en el Canal 2

La oración temática

Así como la oración tiene palabras clave, los párrafos también contienen oraciones temáticas. Estas son oraciones limitas que sostienen la mayor parte de la idea y el significado del párrafo. Cuando identificas estas oraciones, puedes entender rápidamente de que habla el pasaje. Generalmente una oración temática se da un párrafo. Tan pronto como has identificado esa oración temática, puedes decidir saltar la parte remanente del párrafo.

Por ejemplo, considera el párrafo anterior que acabas de leer. Mueve tu mano rápidamente de forma en la que probablemente estés acostumbrado, a través de las líneas y hacía abajo en el párrafo. ¿Puedes identificar el tema de la oración? Esto debe ser la segunda oración

"Esta oraciones limitadas que contienen la idea principal del significado del párrafo". El tema de la oración en los siguientes ejemplos esta subrayado con puntos, mientras que las palabras clave están subrayadas con línea sólida:

Example:

The proliferation of computer systems in the American workplace has brought with it various health related problems caused by the continual use of computer devices such as keyboards, computer mice and monitors. Mainly affecting the arms and wrists, these maladies are commonly termed as repetitive motion injuries. In just a few minutes each day, you can prevent and treat such injuries. <u>This book teaches the stretches and adjustments needed to prevent and treat Carpal Tunnel Syndrome and numbness of the forearm and upper arm</u>

Example:

The coming of the winter months in the northern parts of the country brings an amazing migratory pattern as documented by etymologists. <u>Large swarms of Monarch butterfly make their way from the cold Canadian provinces to the warmer Pacific coasts of the United States and Mexico</u>. The number of butterflies is so large that in many parts of their nesting grounds in California and north-western Mexico, the ground is almost completely covered with butterflies.

Arreglo del texto impreso

Normalmente, las impresoras arreglan los párrafos de tal forma que las palabras claves se encuentran en la sección media de las líneas. Como tal, el dar un vistazo a la página mientras pones atención a las áreas medias, puede ser muy eficiente. Tan pronto como has identificado la oración temática, puedes después decidir si quieres continuar con el resto del párrafo.

De esta forma, puedes reducir la cantidad de tiempo que gastas y concéntrate solamente en las partes relevantes.

Movimiento de la mando en zigzag

También puedes usar un movimiento de la mano en zigzag cuando das un vistazo en lugar del movimiento de abajo hacía arriba. El propósito de este movimiento es expandir tu enfoque mientras ves la oración temática y las palabras clave. Mueve tu mano desde la esquina superior izquierda, progresando suavemente a la derecha de la tercera línea. Ahora, mueve tu mano a la izquierda y hacia abajo hasta sexta línea simultáneamente, y así sucesivamente.

Ejercicio

Abre el libro con el que estás practicando. La meta aquí es dar un vistazo a 4 páginas usando tu mano como herramienta señaladora. Identifica la oración temática dentro de los párrafos individuales. Usa el movimiento de mano que te sea más cómodo.

Usando una regla

También puedes usar una regla para

guiarte en la vista rápida. Colócala justo debajo de la primera línea de la página, y ve la línea rápidamente buscando las palabras clave. Ahora, mueve la regla a línea subsecuente, y haz lo mismo.

Ejercicio

Abre el libro con el que estás practicando. La meta aquí es dar un vistazo a 4 páginas usando la regla como herramienta señaladora. Identifica la oración temática dentro de los párrafos individuales. Hasta ahora, llevamos tres técnicas de señalización entre las que puedes elegir para dar un vistazo en una página. Es recomendable practicar y sentirte cómodo cuando menos con alguna de ellas.

Esta sesión te mostrará los conceptos de la lectura active o dinámica. Las sencillas técnicas explicadas te ayudaran a aumentar tu promedio de comprensión mientras lees.

¿Quién es un lector dinámico?

Un lector activo se puede describir como alguien que lee un libro, revista o diario con la meta de obtener algo más de esa lectura. La mayoría de las veces cuando navegas a través de una revista, realmente no buscas una información específica.

Sin embargo, en otras instancias, puedes estar leyendo algo para expandir tu conocimiento en tu campo. En este caso, filtras la información que crees que te es más relevante, y eliminas el material irrelevante. En esencia, ser un lector dinámico significa que te preguntas cual es el propósito de leer el material, y poder dar la respuesta. Hay varias razones por las cuales puedes leer el texto: para revisar un artículo, tener una idea general, expandir tu conocimiento, o simplemente para entretenerte, como cuando lees una novela o un libro de bromas.

Antes de leer

Aquí están las preguntas más relevantes que tienes que contestarte de antemano:

*¿Cuál es tu propósito de leer el material?

¿Porque quieres leer ese artículo del diario, revista, o libro? ¿Tiene algo que ver con tu trabajo? ¿Estas buscando obtener alguna información que sea relevante para tu trabajo?

*¿Qué sabes acerca del tema que lees?

Cuando respondas esta pregunta, será más fácil construir sobre tu conocimiento actual de ese tema particular. Haras contacto con información antigua y con información nueva que te permitirá consolidar muchos más detalles de los que podrías tener.

Durante la lectura.

Mientras empiezas a leer, necesitas evaluar el material frente a ti. Aquí hay algunas preguntas que debes hacerte:

*¿Cuál es el tema actual de la discusión?

Asegúrate de entender la agenda principal de la párrafo actual, y su relación con el pasaje anterior.

*¿Cómo está organizado el material?

Observa la organización de la información. Hay muchas formas en las cuales se puede presentar la información: lo menos importante primero, lo más importante primero, causa y efecto, comparación cronológica, etcétera.

*¿Qué información es relevante?

Echa un vistazo al párrafo, busca las palabras clave y la oración temática.

Después determina su relevancia a tu propósito. Si no lo es, puedes simplemente saltarte el párrafo sin perder información importante.

*¿Cuál es el tema subsecuente?

Intenta predecir la información que te presentarán a continuación. El propósito de esto es crear conexiones más fuertes en tu memoria del material que has leído, así como del conocimiento que ya tienes, subsecuentemente asimilando más información nueva.

Después

*¿Encontraste lo que buscabas en tu lectura? ¿Obtuviste las respuestas que te hiciste antes de la lectura? Si no, ¿Qué resulto mal?

*¿Qué pedes hacer para mejorar el juicio de la información leída y seleccionar lo mejor para ti? Contestar esto te ayudará a elegir mejores materiales de lectura que contestarán tus preguntas la próxima vez.

Ejercicio

Lee dos páginas de tu libro de práctica usando las técnicas explicadas previamente. Ahora toma un descanso y piensa en la información que acabas de leer. Regresa al inicio de este paso e intenta contestar todas las preguntas en secuencia. Después le cuatro páginas más de tu libro de práctica, evaluando la comprensión de las preguntas. Además evalúa tu ventaja a la lectura previa.

Exercise

Read two pages from your practice book using the techniques explained previously. Now, take a break and think about the information you have just read. Go back to the beginning of this step and try to answer all the questions in sequence. Next, read four more pages from your practice book, evaluating your comprehension of the questions above. In addition, evaluate your advantage from the previous reading.

El rango y cantidad de información disponible en el Internet, o como texto digital, es vasto y puede ser gratificante y sobrecogedor al mismo tiempo. Una vez que has alcanzado y encontrado la información que buscas en Internet, la pregunta ahora es: como leer el contenido. ¿Lo leerás en línea o lo vas a imprimir? ¿Cuál es la mejor forma de abordarlo si decides leerlo en la pantalla?

Para la mayoría de la gente, leer un documento impreso es más rápido, fácil, más cómodo, y más familiar comparado a las pantallas de computadora. Sin embargo las cosas están cambiando. El aumento de número de personas que tienen computadoras, los avances en la tecnología de pantallas, y la caída de la edad en la que empezamos a leer desde las pantallas de computadora, todo influencia en las estrategias para leer texto digital. Recuerda que en la pantalla la velocidad de lectura combina tu promedio de lectura, así como tu velocidad en:

*Accesar y discernir a través de enormes cantidades de contenido digital.

*Procesamiento y evaluación de la precisión de esa información

*Comunicación usando el canal adecuado a las personas relevantes.

Leer es Leer

Cuando lees, sigues esencialmente los

mismos pasos, sin importar que leas un anuncio, sobre una losa de piedra, sobre una pantalla de computadora, o en un papel. Básicamente, tus ojos ven las letras que construyen palabras, y después tu cerebro intenta descifrar el significado de estas palabras. Esto puede sonar sencillo, pero probablemente te has dado cuenta de la diferencia significativa entre leer en un papel o leer en la pantalla, lo que afecta ultimadamente la experiencia y proceso de lectura.

Como hacer que tu material en pantalla se vea bien

El formato de lectura en pantalla influencia tu experiencia de leerlo. Es mucho más difícil leer el contenido que tiene letras muy juntas. Por otro lado, incrementar el espacio entre las líneas digamos a 1.5 o doble espacio, incrementa la legibilidad significativamente. Toma el siguiente párrafo como ejemplo.

La densidad general del material hace mucho más difícil de leer. La lectura se vuelve mucho más difícil de leer cuando es un texto digital

Tu lectura también se puede ver afectada por los márgenes del texto. Cuando está completamente justificado, el texto tiende a verse mejor, pero leer se hace más difícil ya que los espacios blancos en las líneas se pueden distorsionar.

La justificación a la izquierda es el formato más fácil de leer. Para mejorar tu velocidad de lectura en pantalla, alinea el material de lectura a la izquierda para un espaciado de 1.5.

Tu velocidad de lectura puede verse afectado por la longitud de una línea. Sorprendentemente, la longitud más recomendad para una línea de lectura no siempre es la más preferida. Tu velocidad de lectura es mayor cuando la longitud de la línea es de una longitud aproximada de 25cm, pero extrañamente, la mayoría de la gente usualmente prefiere líneas de entre 10 y 15 centímetros. De forma inversa, las líneas más cortas te pueden alentarte. Practica diferentes longitudes para encontrar tu preferencia.

Capítulo 7

Sugerenciaspara leer velozmente

Necesitas estar comprometido para aprender la habilidad y usarla seguido. Necesitas darte el tiempo para aprender las habilidades de leer velozmente practicando. Empieza con material del cual conozcas su contenido para permitirte aprender la habilidad y después puedes, gradualmente, avanzar hacia textos complejos. Para cuando aprendas la habilidad apropiadamente, estarás leyendo cualquier texto en segundos.

Cuando estés comenzando, usa un indicador para entrenar tus ojos para moverse a una pauta más rápida. Esto puede ser tu dedo, una regla o un separador de libros. Esta técnica puede continuarse usando tanto como sea requerido.

Documentos importantes como facturas, documentos legales o cartas médicas deberían ser leídos a completo detalle, usando la sub-vocalización, para asegurarte que entiendes cada palabra que está en el documento.

Documenta tu velocidad de lectura actual antes de practicar cualquiera de las estrategias de arriba. Esto te permitirá medir tu progreso y establecer objetivos de velocidad de lectura para ti mismo.

La lectura veloz requiere concentración prolongada e intensa porque estas enfocándote en el texto. Necesitas leer el texto y saber cuándo leer rápido y cuando hacerlo lento. Esto toma práctica.

No serás capaz de aprender a leer velozmente de una noche a otra. Hay muchas maneras distintas de aprender a leer velozmente y esperemos que esto te haya dado una perspectiva sobre que técnica funciona bien para ti.

Conviértete en un lector activo, no en uno pasivo. Indaga sobre el texto, conoce lo que quieres aprender al leer el texto y daté el tiempo para convertirte en un lector veloz.

Te deseo la mejor de las suertes en tu viaje hacia la eficacia en la lectura veloz. Realmente te dará una ventaja enorme en muchas áreas de vida y te permitirá pasar más tiempo haciendo lo que amas.

Recuerda; una vida sin pasión no es vida en absoluto, así que, toma el tiempo que te ahorraras a través de la lectura veloz y gástalo hacienda lo que amas. Nadie nunca mira en retrospectiva y dice que desearían haber pasado más tiempo haciendo cosas que odiaban, así que, comprométete en usar tu tiempo como lo haces con tu dinero; sabiamente.

Parte 2

Introducción

Se necesitaría un villano real para argumentar que la súpervelocidad es algomenos que un súperpoderlegítimo. Desafortunadamente, no vivimosen el universo Marvel, por lo que los superpoderes no son fáciles de conseguir. Ennuestrarealidad, cualquiercambio que experimentedespués de ser golpeado por un rayo o salpicado con productosquímicosradiactivos, probablemente no serápositivo ...

¡Pero no tepreocupes!
 No es que estéscondenado a la mediocridad; Todavíatienes el poder de ser sobrehumano, ¡perotendrás que trabajar para lograrlo! ¡Este libro le proporcionará el relámpagofigurativo que lo capacitará con la súperlectura! Solo tienes que hacer que tegolpee!

Es obvio que tienes la capacidad de leer, ya que tienes un dispositivocargado con un librosobrelecturarápida. Es muy probable que túhayasdesarrolladotucapacidad de lectura a una edadmuytemprana, y la hayasmejoradodurantetutiempoen la escuelaprimaria, luegosimplemente lo dejaste .

Puedes leer lo suficientemente bien, ¿verdad?

Estoyseguro de que no hacesmatemáticas de la mismamanera que lo hicisteen la escuelaprimaria; ¿Por quéestásleyendoigual que los estudiantes de la escuelaprimaria? ¡Leer a una velocidadpromedio (o inferior) no va a ser un problemanuncamás! Enestecurso, teenseñarécómoobtenerinformación a proporciones que teharánmerecedor de tupropiocómic. Aprenderáscómoutilizarmejor la atencióncentrada de tuladoizquierdodel cerebro junto con la atenciónperiférica de tuladoderecho del cerebro, y cómopuedeshacer que trabajenjuntosen perfecta armonía. La comunicaciónadecuada entre todos los sectores de sucerebro es imprescindible para poderpensarcreativamente, tambiéncrea un "equilibrio" que puedeayudar a brindarle una sensación general de bienestar.

Este no es un libro de habilidadesmentales de autoayuda de la nueva era; El propósito de estecurso es enseñarte a leer a un ritmomuchomásrápido, y además, ¡tambiénaprenderás a recordarmás de lo que has leído! ¡Las ventajas de estodeberían ser suficientes para entusiasmarte con lo que se encuentraen los próximoscapítulos!

* La serie "¡Conviérteteen un superhombre!" Ofrecevarioslibros de habilidadesmentales de autoayuda para la nueva era, sieso es lo tuyo.

¡No se trata solo de leer másrápido! Mientrasleemos, la mayoría de nosotrostendemos a decir las palabras ennuestras cabezas. Esto se denominasubvocalización, le impidepoder leer muyrápido y es completamenteinnecesario.

Teenseñarécómotener un discursointerno que tengamás que ver con la conciencia del pensamiento. No estávinculado a la boca, la lengua o las cuerdasvocales, lo que lo hacemuchomásrápido y fluido. ¡El acto de eliminar la necesidad de identificar la vocalizaciónen la corriente de pensamientos le brindaotranuevahabilidad! Tener la capacidad de pensar y ser consciente sin la necesidad de un flujoconstante de palabras,abretumente a un nuevo dominio de intuición y conciencia. Incluso es posible que tequedes con una idea aúnmejor de quiéneres.

La lectura de velocidad es la concentración!

Toda lecturarequiereconcentración. Inclusosólo leer una novelarománticabarata de vampiros, mientrasdescansa al sol en el patio de sufortaleza de soledad, requiere una cantidadsustancial de concentración. Aunque solo sea por un momento, tienes que ignorar el calor de la luz del sol entu rostro, por másatractivo que se sienta ... la mosca que siente la necesidad de seguiraterrizandoentu mano, tanto comotemolesta ... Necesitasbarrerestasdistracciones y concentrarte el tiemposuficiente, para averiguarsi el antagonistalograrárobarle el amor a la vida de los héroes, o de lo que tratenesoslibros.

La lecturaveloz es un pocomáscomplicada. Para acelerar la lectura, se le pedirá que mantenga una concentraciónsostenida y enérgicaporquecuandoacelera la lectura, hacemuchascosas a la vez. A medida que ve y lee las palabras en una página, tambiénpermanecealerta a las ideas principales que el autordeseapresentar. Debe pensar junto con el autor y detectarcómopresentan el material para podercaptarcorrectamente las ideas principales. A medida que lea, tendrá que leer con másperspectiva y separar los detalles del relleno. Tienes que saber cuándodeslizarte, cuándoacelerar el ritmo y cuándoreducir la velocidad para obtener la esencia de esto. La lecturaveloz no es para perezosos, ya que requiere que lea con mayor vigor.

¡Lee con hambre, absorbiendoagresivamente la informaciónmientras lees!

Suenabastanteglorioso y emocionante, ¿verdad? Bueno, vamosaempezar!

Nota: Recomiendousarlibrosfísicosreales (espero que aúntengasalgunos ...) para realizar los ejercicios que encontrarásen los próximoscapítulos, de esa forma puedestenerestelibroabiertoentu lector para una referenciarápida.

¿Qué es la lectura?
Quérayos es leer !!!

Si tuviéramos que definir el acto de leer ensugradomásbásico, simplemente lo llamaríamosproceso de comunicación. Como todos los procesos de comunicación, requierealgunashabilidadesbásicas, habilidades que la mayoría de las personas aprendenmuyjóvenes, y (comomencionéen la introducción) nunca se basanenellas. Ser capaz de leer con la mayor eficaciaposiblerequiere una secuencialógica de pensamiento y patrones de pensamiento. Para establecerestospatrones de pensamientoentumente, obviamentenecesitarás saber cuáles son.

Se requieren 7 procesosbásicos para poder leer.

Reconocimiento: la capacidad de entendercorrectamente el idioma que estáleyendo.

El lenguaje universal.

Asimilación: el procesofísico de percibir, escanear y absorber el texto.
Prepararse para la asimilación
Intraintegración: ser capaz de entender el

material de lectura, sin la necesidad de experiencia previa en el tema.

Extra-Integración: Análisis, apreciación, selección y rechazo. Usando sus experienciaspasadas para formarse una opinión del material de lectura.

Retención: La capacidad de retener la información que se absorbe.

Recordar: La capacidad de recordardichainformación.

Comunicación: la aplicación del material de lectura, o ponerenpráctica lo que has aprendido. Para facilitar la interpretación, dividamosestoencuatrosubcategorías.

• Escrito

•Hablado

• Comunicación no verbal: el acto de comunicarse a través de palabras no verbales / escritas, comodibujar o manipularobjetos.

• Pensar - comunicarse con unomismo.

Debido a los maloshábitos que nosenseñanen la escuela, la mayoría de las personas se hanestablecido a una tasa de lecturapromedio de 250-300 palabras por minuto (WPM). La mayoría de las personas puedenpensar sin esfuerzo a velocidadessuperiores a 500 palabras por minuto, lo que significa que sumenteestáfuncionando al doble de la velocidad de sus ojos, ¡tantaenergíadesperdiciada! La consecuencia de que tumente se ejecute dos vecesmásrápido que tusojos es que hace que seamásfácilcaeren el aburrimiento, la fantasía o enojarse por el momentoen que un niñorobótuheladoen el tercergrado. Este aburrimiento es con frecuencia la distracción que obliga a releer, y comoresultado, la información es muchomásdifícil de absorber y retener.

El problemamencionadoanteriormente (el desajuste entre el pensamiento y la velocidad de lectura) surge de los métodosinadecuados con los que nosenseñaronen la escuela. La mayoría de las escuelasusaránuno de dos métodos; El métodoVer-pronunciar o el métodoFonico.

Ambos métodos son defectuosos y solo

semi-efectivos. En el métodofónico, a un estudiante se le enseña primero el alfabeto, luego los diferentessonidos de cadaletra, la combinación de esossonidos y luegocómocombinaresossonidos para formar palabras. Este método es el másefectivocuando se les enseña a los estudiantes que tienen un cerebrodominante.

Para los estudiantes con ellado derechodel cerebrodominante, el métodoMirar-pronunciares muchomásefectivo. El métodoMirar-pronunciarenseña al alumno a leer presentándolestarjetas con imágenes de objetos / animales / lugares / etc. con los nombrescorrespondientesimpresosen la tarjeta. Finalmente, se construye un vocabulariobásico, muyparecido a cómo se aprende a leer un alfabetobasadoensímbolos, como el coreano. Una vez que el alumnohayaadquirido un vocabulariosuficiente, progresará a través de una serie de libroscalificadossimilares a los utilizados para el aprendizaje de los alumnosmediante el métodofonico; Enpocotiempo, el estudiante, con suerte, aprenderá a convertirseen un lector silencioso.

Tu deliciosocerebrotiene la mismaconsistencia que el tofu.

Enninguno de los métodosanteriores se enseña a las personas a leer rápidamente, y con la máximacomprensión y memoria. Los lectoresefectivosgeneralmentehabránapre ndido a leer correctamente por símismos, másadelanteen la vida.
Ni los métodosVer-pronunciarniel fonico son adecuados para enseñar a una persona a leer de la maneramásefectivaposible, sin importarsi se usan solos o juntos. Ambos métodosestándiseñados para cubrir la primeraetapa de la lectura, la etapa de reconocimiento, con muypocosintentos de enseñar la absorción o integraciónefectiva. Por lo general, los niñosrecibenmuypocaorientaciónsobrecó

mocomprender e integrarcorrectamentesu material de lectura, y muchomenoscómoasegurarse de que serárecordado. Ennuestroviaje a través de nuestrosistemaeducativoterriblementeinadecuado, nunca se nosenseñarealmenteningunatécnicaavanzada de lectura que nosayude con los problemas de velocidad, recuperación, selección, rechazo, concentración o toma de notas.

Enresumen, la mayoría de sus problemas de lectura no se tratandurantesueducación.

Ha tomado la decisióncorrecta al elegir un librosobrecómomejorarsucapacidad de lectura. Al utilizar las técnicas que revisaremosenestelibro, superará las limitaciones de sueducacióninicial y podráesperar que sucapacidad de lecturamejore a través de montones de sabrosasbondades de lectura. Las técnicascubiertasenestelibroreducirán el tiempo para cadafijación (la asimilación de un grupo de palabras simultáneamente) a menos de un cuarto de segundo, y el tamaño de la fijación se puedeaumentar de una o dos palabras cortas a un máximo de cinco. palabras, o media linea. Tus ojosestaránhaciendomuchomenostrabajofísico; Enlugar de tener hasta 500 fijaciones bien enfocadas por página, estaráhaciendoaproximadamente 100, cada una de las cuales es menosfatigosa, ¡y la lectura de material ligeropuedesuperarfácilmente las 1000 palabras por minuto!

¡No se preocupesialgo de esto no tienemuchosentidotodavía, todo se reuniráen los próximoscapítulos!

Tus ojosya son asombrosos

¿¡Qué!? ¿Mis ojos te sorprenden?
Antes de que puedascomprenderrealmentecómofunciona la lectura y cómopuedemejorarse (lo

hablaremos pronto, lo prometo); Me gustaríaenseñarte un pocosobrecómofuncionantusojos.

Super Laser Monkey nunca ha apreciadosuincreíblevisiónláser

La luz que penetraen el ojo es enfocada por la lentehacia la retina, que recubre el interior de suojo. La retina consta de millones y millones de célulasdiminutas que responden a la luz; estascélulas se denominancomúnmente "bastones y conos". Todas las célulastienen un propósitoespecífico; Los conos le permiten a suojodiferenciar entre coloresespecíficos, mientras que las barrasresponden a la intensidad de la luz general. Estascélulasestánconectadas con una red de nervios que se extiendensobre la retina y transmiteninformación a la corteza visual.

Sigueadelante y aprieta un pocotuglobo ocular,
¡Solo para mostrarcuántoamastuvisión!
El centro de la retina se llama fóvea, es un áreapequeñaen la que las células se

empaquetanmuyapretadas; Como resultado de que las células son tan abundantesenestaárea, la percepción de las imágenes que caensobre la fóvea es muchomásnítida y detallada que encualquierotrolugar de la retina. Cuandoenfocamosnuestraatenciónenalgo, se enfocaen la fóvea; esto es a lo que me referíanteriormentecomo una "fijación".

Cuandoestásleyendotusojos, no se muevensobre la impresión de una manerafluida; si lo hicieran, usted no podríaver nada, el ojosólopuedeverclaramentealgo que puedamantenerquieto. Si un objetoestáquieto, entonces el ojotambién debe estarquieto para poderverloclaramente y si un objeto se estámoviendo, el ojo debe moverse junto con él. Pienseenesperar un trenen un cruce de ferrocarril; Si quieresver lo que dice un vagón individual, debes mover los ojos junto con el vagón, perosisimplementemirashaciadelante, el tren se desvaneceráen una largarachamarrón. Cuandoestásleyendo una línea de texto, tusojos se muevenen una serie de saltosrápidos e intervalosfijos. Los saltossuceden tan rápido que realmente no tomacasi nada de tiempo, pero las fijaciones (aintervalosfijos) puedendurar de un cuarto a un segundo y medio.

Tus ojosconsumen breves ráfagas de información. Entre estosestallidos no estántomandoningúntipo de estímulo, simplemente se estánmoviendo de un punto aotro. Estossaltos no se notanporquenuestrocerebroguarda la información de una fijación a la siguiente y la integra para que podamospercibir el mundo que nosrodea de manerafluida. Nuestrosojosraravezpermaneceninmóviles por más de una fracción de segundo. Inclusosisientes que mantienestusojoscompletamentequietos, de hechoestánrealizando una serie de pequeñosmovimientosindescifrablesalrededor de ese punto.
Como sitequedarasmirandoestecorazón, ypensandoencuantoteamo

Si tusojos no estuvieranhaciendoestosmovimientoscons tantes (haciendonuevasfijaciones); La imagen se desvanecería y desaparecería rápidamente. Un ojo no entrenadotardaráaproximadamente un cuarto de segundo por fijación, por lo que el númeromáximo de fijaciones por segundo se limita a solo 4. Un lector promediotardaráaproximadamente de dos a tres palabras por fijación, lo que significa que tomará un promedio de aproximadamente 3-6 fijaciones para leer una línea de textopromedio. La longitud de las paradas y el número de palabras tomadas por fijaciónvariaránenormementedependiendo de la dificultad del material que se estéleyendo y el nivel de habilidad de lectura del individuo.

La percepciónmásnítidaocurreen la fóvea, sin embargo, las cosas que estándescentradas se seguiránviendo, aunque no tan claras; Esto se conocecomovisiónperiférica. La visiónperiféricarealiza una función invaluable mientrasestáleyendo. Las palabras que están al lado de su punto de fijación actual son captadas por suvisiónperiférica y transmitidas a sucerebro. Con el uso de estavisiónligeramenteborrosa de lo que está por venir, el cerebro es capaz de instruir a los ojossobredónde pasar al siguiente. Con la ayuda de suvisiónperiférica, el ojo no se moverá junto con sus saltosineficientesregulares, y saltará palabras redundantes, mientras se enfocaen las palabras mássignificativas del texto.

Sumemoriainmediata se correlacionadirectamente con la cantidad de "bloques" de información que se reciben. Cuandoleemos, podemos absorber con éxitoalrededor de 5 bloques de información a la vez. Un bloquepuede ser una sola letra, una sílaba, una palabra, o incluso una frasecompleta; Cuantomásfácil sea comprender el material, másgrandesserán los bloques que podrás absorber.

Con un lector experto, los puntos de fijacióntenderán a concentrarsehacia la mitad de la impresión. Cuando sus ojos se mueven a una nuevalínea, no comenzarándesde el principio, sino que los entrenarán para comenzar una o dos palabras desde el borde. El cerebro es muybueno para descubrirqué es lo que viene con lo que ha leídoen las líneasanteriores, y solo tendrá que confirmar con la visiónperiférica que las primeraspalabras son lo que anticipó. Como tal, el ojogeneralmenteterminarásuúltimafijación una o dos palabras antes del final de cualquierlínea, utilizando la visiónperiférica para confirmar que las palabras son como se esperaba.

El ritmo y el flujo de un lector experto los llevaránfácilmente a través del significado, mientras que un lector no expertotendrámuchasmásprobabilidades de aburrirse y perder el significado de lo que estáleyendo. Un lector no cualificado, que necesitahacer una pausaen la mayoría de las palabras y volver a leer la misma palabra variasveces, le resultaráextremadamentedifícil de entender y retenertodo lo que estáleyendo. Cuandohanleído un párrafocompleto, ha pasado tanto tiempo que hanperdidototalmente el concepto de lo que el escritorestabatratando de retratar. Durante el proceso de re-lectura, la capacidad del lector no cualificado para recordar se desvanece, y comenzarán a perderconfianzaensucapacidad para retener la informaciónenabsoluto.

Muchagentesiente que no estáreteniendoinformacióndebido a la falta de inteligencia, donde la verdaderarazón es que no se les enseñócorrectamente a leer. Cuantomás lea una persona, másdifícilserárecordar la información.

Pierdenconfianzaensumemoria y llegan a la conclusión de que no entienden lo que estánleyendo.

Tu capacidad de lectura pronto-a-ser-súper

Es un error comúnpensar que los humanos

no usan el 100% de sus cerebros; Usamos el 100%, pero no al mismotiempo. Pienseenellocomo un semáforo, un semáforousa el 100% de símismo, aunque sea 33.3333 ...% a la vez.

¡Toda la malditacosa!

Sin embargo, lo que sí es cierto es que solo usamosalrededor del 4-10% de nuestrashabilidadesmentales para aprender, pensar y actuar.

Convertirseen un lector competente es una manerafantástica para que un usuariodesbloquee una porciónmucho mayor de sucapacidad mental, que actualmenteestáperdiendoencosasineficientes. No dejarías que tu auto se fuera por años sin una afinaciónsi solo funcionara a un 4-10% de supotencial, sería una locura, ¿por quéte lo estáshaciendo a timismo? Cuandoestásleyendo a una velocidadrápida, teestásconcentrandomás y cuandoalcanzas un nivel de lectura de más de 500 palabras por minuto, con la máximacomprensión, tambiénestásacelerandotu forma de pensar y las nuevasprofundidades de tucerebro se volveránaccesibles. No solo acelera la lectura de sucapacidad para retenerinformación, sino que tambiénpuedereducir la fatiga. La lecturamásrápidamejora la comprensión, porque el nivel de concentración del lector es más alto y hay menosmotivos para que el lector desarrolle las tensionesfísicas que surgen al mirar el textodurante un largo período de tiempo, como dolor de espalda, dolor de cabeza y fatiga visual.

Todostienen una velocidad de lecturaóptima para una máximacomprensión, es directamenteproporcional a suvelocidadmáxima. Suvelocidad de lecturaóptimavariarásegún el material que se estéleyendo, por lo que es imperativoencontrar la mejortasa para el material que estáleyendo a fin de lograr una buenacomprensión de la información.

PRUEBE SU VELOCIDAD DE LECTURA

Coge un libro que puedas leer fácilmente.

Use un temporizador (solo "temporizador" de Google o revise su tienda de aplicacionessisuteléfono no tieneuno, tendrá una excelenteselección para usar gratis) y el tiempo que le tomará leer 5 páginas. Una vez que hayaterminado de leer las cincopáginas y tengatiempo, puedecalcularsuvelocidad de lectura con la siguientefórmula.

¡No mire surelojni mire mientrashace los ejercicios! Configura el temporizador y olvídalo hasta que llegues la alarma.

(Número de páginasleídas) Multiplicado por (Número de palabras promedio por página) Dividido por (Número de minutos para leer) = W.P.M.

El promedio de palabras por páginaen una novelapromedio es entre 250 y 300, así que vamos con 280 palabras y digamos que le tomó 5,12 minutos leer 5 páginas. Suecuaciónsería 5 x 280 ÷ 5.12 = 273.44WPM. Estatasa lo ubicaríaen la velocidad de lecturapromedio para los estadounidenses.

¡Hágaloahora antes de saber cómo leer rápidamente y luego, se sorprenderá de lo lejos que ha llegado!

"IZQUIERDA VS DERECHA" ¿De quéladoestás?

Una vezhubo un estudiorealizadoen América del Norte para determinar la diferencia entre los pensadores delladoizquierdo delcerebro y los pensadores delladoderecho del cerebro. Se construyó un aparato especial; esteaparatoconsistíaen una pantalla que presentaba material de lectura, acompañada de un cursor para moverse junto con el texto al que se le pedía al sujeto que dirigierasuenfoque. Los movimientos de los ojos del sujetofueronmonitoreados, por lo que el cursor se moveríacuando el sujetomoviera sus ojos. El equipo se podríaconfigurarenuno de dos modos; en el primer modo, el material a la izquierda del cursor se quedaríaenblancoen la pantalla, si el sujetointentara mover su punto de fijación a la derecha del cursor. En el segundo modo, el material a la derecha.

El cursor quedaríaenblancosi el sujetointentara mover su punto de fijación a la izquierda del cursor.

 En el primer modo, las palabras a la izquierda del cursor fueronborradas, evitando que el sujetoretroceda o saltehaciaatrás; estoduplicó el patrón habitual de un lector del ladoizquierdodel cerebro, que siempre lee una o más palabras antes de un punto de fijación particular. En el segundo modo, cuando las palabras a la derecha del cursor quedaronenblanco, evitando que el sujeto se anticipara al leer una o dos palabras antes del punto de fijación, estoduplicó el patrón habitual de un lector delladoderechodel cerebroquientiende a re- leer las palabras que conducen a un punto de fijación particular. Este equipofueprobadoen un grupo de 30 sujetos. Cuando el equipo se configuróen el modo de cerebroizquierdo, la velocidad de lecturapromediomáximaobservada del grupofue de 1600 w.p.m. y cuando el equipo se configuróen el modo de cerebro derecho, la velocidad de lecturapromediomáximaobservada del grupofue de 95 WPM, ¡una sorprendentediferencia de 17: 1!

Podríaestarequivocado, perodudo que poseas un artilugiocomo el que se describe en el párrafo anterior; así que simplementerealiza los siguientessuperpasos (¡es divertidodecir que las cosas son súper!) y tedará una indicaciónsuficientesobrequétipo de lector eres.

1) Lee una novelaensilenciomientraspasas el dedo por la línea de impresiónmientras lees.
2) Toma nota de lo lejos que estásleyendo antes de tu punto de fijación (el punto de fijaciónestádeterminado por la posición de sudedo).

3) ¿Encuentras que es difícil leer antes del punto de fijación? ¿Encuentras que teaferras a las dos o tres palabras que acabas de leer?

Pareceobvioahora, ¿verdad?

Si estásleyendo antes del punto de fijación, eres un lector delladoizquierdodel cerebro. Los individuos con cerebroizquierdotienden a ser máslógicos, reales y basados en la realidad.

O

Si la respuesta a 3 es sí, y la atenciónvuelve a las palabras que ya ha leído, entonces es un lector del ladoderechodel cerebro. Las personas con el cerebro derecho suelensentirsemásmotivadas, creativas y basadasen la fantasía.

Esas personas de cerebro derecho ...
Patrones de escaneodesadaptativos

Dado que el hemisferioizquierdo de sucerebro es mejoren las tareasverbales, todo lo que se encuentreen el campo visual derecho tendrásucontenido verbal procesado a un ritmomásrápido que el que se encuentraen el izquierdo. Si una persona estáleyendo de izquierda a derecha, el ladoizquierdo del cerebrotodavíarecibe el material que se estáprocesandoensuvisiónperiférica, que es máscompetenteen el procesamiento verbal. Leyendo de derechaaizquierda, o mirandohaciaatrássobre lo que se ha leído; por lo tanto, seráprocesado por el hemisferio derecho, resultandoenconfusión. Cuando se lee de izquierda a derecha, el material aún por leer se toma con la visiónperiférica y el hemisferioizquierdolingüísticoanalizasucontenido.

¡Eres demasiadobueno para caerenestetipo de optimismo!

La lectura de izquierda a derechaayuda al cerebro a decidirqué punto de fijaciónserámejor y aumenta la eficiencia de la lectura. Los gusanos de libro de nivelsobrehumanocasisiempreusan el campo visual de la mano derecha (conectado al hemisferioizquierdo), mientras que los disléxicosusan el campo visual izquierdo (conectado al hemisferio derecho). Todos los que quieranobtenerhabilidades de lectura a nivelsobrehumanodeberánsuperar los patrones de escaneo no adaptativos. Los patrones de mala adaptaciónincluiránsaltarhaciaatrás, faltarlíneas y leer la mismalínea dos veces. Practicar las técnicas de lecturarápida que se presentanen los siguientescapítulos lo ayudará a corregirestospatrones.

Ejercicios (Los rayos)

El Viejo tío Willy nuncaleyóinmediatamentedespués del accidente.

Si se usacorrectamente, una guía visual puede ser muyútil para ayudarlo a convertirseen un lector máscompetente. No estoysugiriendo que lo uses para siempre, pero lo recomiendo para ayudarteen las etapasiniciales de aprendizaje para acelerar la lectura. No nosanimamos a usarguíasvisualescomoniños, porquesiapuntas a cada palabra individual, definitivamentederribarátu W.P.M. Si enlugar de hacerlo, la guía visual se muevesuavemente a lo largo de una línea de texto, puedeayudaraacelerar la lecturasustancialmente por variasrazones.

• Si entrenasuojo para seguir una guía visual, eliminarácualquierinnecesarioregreso a las líneas
• Acelerar la guía visual teayudará a mover los ojosmásrápido.
• A medida que sus ojos se muevenmásrápido, se les anima a tomarmás palabras con cada punto de fijación.

¡Aquí estamos! ¡Es hora de comenzar las lecciones prácticas para convertir en el lector súper rápido que mereces ser! He dividido los procedimientos en las siguientes seis secciones:

1. Ejercicios introductorios: mejora cómo te hablas a ti mismo.

2. Ejercicios de percepción de velocidad: vuelva a calibrar su velocímetro interno.

3. Técnicas de estimulación y exploración: Mejore su comprensión inicial mientras lee con velocidad.

4. Técnicas de lectura en profundidad: Aumente su comprensión profunda.

5. Técnicas de lectura visual: para mejorar su capacidad de retener y recordar información.

6. Derrotar la decadencia de los recuerdos:

¡aprovecha la nuevavelocidad de pensamiento que acabas de adquirir!

Estasleccionesfueroncreadas para enseñarle los 3 fundamentos de la lecturaveloz: duplicación, comprensión y memoria.

¡Diviértete con estosejercicios, que los rayostegolpeen no deberían ser del tododesagradable!

El primer Rayo

Introducción a la subvocalización y flujo de pensamiento
Hay dos tiposbásicos de lectura a los que me referiréen los próximoscapítulos.
1. **El hablarcompulsivamenteenvozalta de las palabras a medida que se leen**.
Estopuede ser a un nivel inaudible y subconsciente, pero no obstante, es la expresión de palabras percibidasenmovimientosequivalentes de la lengua y la laringe, una

representacióncinestésica. A partir de este punto me referiréaesteprocesocomo "subvocalización".

2. Me referiré al segundotipocomo "flujo de pensamiento"; esteprocesoconsisteencomprensión e imágenessolamente, sin expresión vocal o subvocal.

En general, la subvocalización es innecesaria para un lector adulto; exceptoquizáscuando se lee música (encuyocaso el ritmo, la rima y la aliteración son un componenteimportante, por lo que la subvocalizaciónpuedehacer que la lectura de las letrasensilencio sea másplacentera). La subvocalizaciónlimitará la velocidadmáxima de lecturaaaproximadamente 300 w.p.m. (Si puedesrimar a una velocidad de más de 300 w.p.m. puedestener una emocionantecarrera de rap entufuturo ...). Compare eso con un lector capacitado que puede leer a más de 1000 w.p.m. usandopuracorriente de pensamiento;

Mantener un flujo de pensamientoadecuado es esencial para la comprensióncompleta. Aunquepuede ser posible leer material ligerocomo un artículo de una revista sin utilizar un flujo de pensamiento, sucapacidad para retener la información se veráafectada. El flujo de pensamientoapropiado es particularmenteimportantecuando se lee material complejo que no se puedevisualizarfácilmente, asícomocuando se usanoracioneslargas y complicadas. Cuando se lee material complicadomientras se suprimesuflujo de pensamientos, es muydifícilconservar el orden de las palabras y la sintaxis.

Cuando la lectura del material es difícil de visualizar, la sintaxis y el orden de las palabras pueden ser las únicasguías para el significado y la comprensión. Antes de que un estudiantepuedaaprender a dejar de lado la subvocalización sin al mismotiemposuprimir por completo el discursointerno, tiene que aprender a diferenciar entre la subvocalización y la corriente de pensamiento. Este primer pasopuederealizarsemediante el proceso de localización. La mayoría de las personas experimentarán la subvocalización al estarconectada con la boca o la garganta, y también con la respiración. Cuando se le pide que presteatención por completo, una persona tenderá a mirarhaciaabajo. La corriente de pensamiento se experimentarámásen la parte superior de la cabeza, sin conexión a los órganosvocalesni a la respiración; es un tipo de conciencia del pensamiento, basadaen la comprensión de la corriente de palabras que se leen. La diferenciación entre los dos tipos de lectura se puedelograr a través de los siguientespasos:

1) Elija una página de una novelaligera, nada demasiadocomplejo. Se requiere material de fácilcomprensiónporqueinclusocuando los mejoreslectoresleen material que les resultadifícilcomprender, habrá una tendencia a revertirse a la

subvocalización, cuando se presente una frase u oración que contenga palabras desconocidas o extranjeras. Las palabras desconocidas solo puedentenerseencuentateniendomuyb uenospoderes de visualizaciónauditiva, o ensayándolas de forma subvocal. Un lector que utiliza el flujo de pensamiento, enlugar de la subvocalización, descubrirá que puededetectar con mayor facilidad las palabras mal entendidas, ya que volverá a la subvocalizaciónmientras se esfuerza por dar un significado a lo que no es familiar. Si se encuentrasubvocalizandorepentinamen tecuando de otra forma utilizaríaflujo de pensamiento, esto es un claro indicio de que acaba de pasar una palabra que se malinterpreta, o un grupo de palabrasformando un concepto que no tienesentido. Una vez que se handefinido las palabras mal entendidas, puedevolveraevaluar el concepto de lo que estáleyendo.

2) Cuentaenvozalta de uno a diezrepetidamente, mientras lees la páginaensilencio. Contarenvozaltaocupará el sistema motor-vocal, por lo que sumente no puedesubvocalizar.

3) Cuandopuede leer ensilenciomientrascuentaenvozalta; comience a leer ensilenciousandoflujo de pensamiento, mientras que tambiéncuentaensilencio al mismotiempo que usa la subvocalización. Practicabastante con los Pasos 2 y 3, para que estahabilidad se adquiera por completo y puedasreconocerfácilmente la diferencia entre subvocalización y flujo de pensamiento.

4) Una vez que hayaadquirido la capacidad de leer ensilencio y al mismotiempocontarensilencio, puedecomenzaraaumentarsuvelocidad de lectura. Cuandosuvelocidad de lecturaexceda los 360 w.p.m., los dos tipos de lecturasubjetiva se diferenciaránmás. Mediante el uso de flujo de

pensamientopuede leer muchomásrápido, mientras que la subvocalizaciónestálimitada por la velocidad de surespuestafísica.

5) Ahora que puede leer fácilmenteutilizandoexclusivamenteflujo de pensamiento (¡sin trampas!), Dejandoatráscualquiersubvocalización, es hora de agregarmáscarácter al discursointerno. Asegúrese de que no solo estáleyendo con un flujo de pensamientosilencioso, sino que tambiénestáincluyendo un flujo de visualización. Imagina el diálogo de la novela; Adoptadiferentesvocesentudiscurso interior para adaptarse a los personajes. Estodeberíadiferenciaraúnmássuflujo de pensamientos de la subvocalización, que siempretendería a ser un reflejo de supropiavoz. Visualice los escenarios de la historia, escuche los sonidos del entorno, huela los distintos aromas y sienta las emocionesrepresentadas.

Continúe con los ejerciciosanteriores hasta que tenga una percepción de los dos tipos de lectura (subvocalizada y flujo de pensamiento) y puedacambiarfácilmente entre uno u otro. Este enfoque es mejor que tratar de suprimir la subvocalización por completo. Sin embargo, al suprimir ambos tipos de lecturassubjetivas, unopuedeaprender a deslizartextoenexceso de 2000 w.p.m. a tales velocidades; Habrámuypocaretención de lo que se ha leído. Este tipo de lectura es valiosa solo cuando un lector estábuscandodatosen particular, o cuandounoestáhaciendoestocomo un ejercicio de percepción para mantenersealerta.

El Segundo Rayo

¡Abraza el conocimiento!
Percepción de la velocidad

Leer agresivamente:Parte de ser un lector de velocidad es leer con másintensidad, enfoque y concentración. Estavez, devora las palabras a medida que las lees. Se un lector activo, no pasivo.

Al pasar las páginas lo másrápidoposible e intentarvertantas palabras por páginacomo sea supercepción, estarácondicionado a prácticas de lecturamuchomásrápidas y eficientes. Pienseen lo lento que se sientecuandoestáviajandocuando conduce a una ciudad con un límite de velocidad de 50 km / h después de pasar unaspocas horas yendo por más de 100 en la carretera; Si se rompió el velocímetro, es probable que solo reduzca la velocidad a 70 u 80. La razón de esto es que sus percepciones se hancondicionado a una velocidadmucho mayor, lo que se convierteensu nuevo "normal". Hay un efecto de trinquete por el cualsu "normal" anterior se olvidamás o menoscomoresultado del condicionamientoperceptivo. El mismo principio se aplica a la lectura; después de la práctica de altavelocidad, a menudo se encontraráleyendo dos veces la velocidad, sin siquierasentir la diferencia.

¡Sacatu material de prácticafavorito y sigamos con la lección 2!

RECUERDE: ¡No vocalices! Lo mejor que puedas, mira las palabras y tomasusignificado sin escucharlas.

1. Guíe con sudedofavorito o algúntipo de instrumento para señalar las palabras que estáleyendo. Aumentagradualmente la velocidad de tuguía; Esto le ayudaráaestablecer un hábito de lectura suave y rítmico.

2. Intente leer lo másrápido que puedadurante un minuto, sin preocuparse por la comprensión. No se preocupe por sucomprensión, este es un ejercicio de velocidadperceptiva,

másadelantellegaremos a la comprensión.

3. Para esteejercicio, tepreocupaprincipalmente la velocidad, aunque al mismotiempo lees la mayor comprensiónposible. La lectura debe continuardesde el último punto alcanzado. Hagaesto por un minuto y

luegocalculesuvelocidad de lecturausando la ecuación que le mostréanteriormente, tome nota de estocomosuvelocidad normal másalta.

4. A medida que muevesuguía a lo largo de la línea que estáleyendo, intentetomarmás de una palabra a la vez.

5. Cuandohayaalcanzado los límites del ejercicio anterior, tome un poco de material de lectura y trate de leer más de una línea al mismotiempo. Recomiendousar una revista para esteejercicio. Los artículos de revistas son perfectos para estaactividadporquemuchasrevistastienen columnasestrechas de aproximadamente 5 o 6 palabras, y debe ser material que teresultedivertido e interesante.

6. Experimentar con variospatrones de guía visual. Pruebe los movimientosdiagonales, curvos y rectos haciaabajo de la página. Ejercite los movimientos de sus ojossobre la página, moviéndolosenplanoshorizontales y

verticales y en diagonal desde la parte superior izquierda de la páginahacia la parte inferior derecha y, finalmente, desde la parte superior derecha a la parte inferior izquierda. Intentaacelerargradualmentedía a día. El propósito de esteejercicio es entrenartusojos para que funcionen de maneramásprecisa e independiente.

7. Ahora que supercepción de velocidad ha aumentado, tratemos de darlesentido a lo que se estáleyendo.

8. Practique la lectura (con comprensión) durante un minutoaproximadamente 100 w.p.m. Más rápido que tuvelocidad normal másalta.

9. Cuando se sientacómodoleyendoaesavelocidad, aumentesuvelocidadenotros 100 W.P.M, y continúeaumentandoenincrementos de 100 W.P.M hasta que encuentre que ya no puedecomprender lo que estáleyendo. Si cuentacuántas palabras hay en una

líneapromedio, entonces es fácilconvertir w.p.m. enlíneas por minuto. Por ejemplo: si una líneatiene 10 palabras y estásleyendo una línea por segundo, entoncesestásleyendo a 600 w.p.m.

10. Comiencedesde el principio de un capítulo y practique leer treslíneas a la vez, con una guía y una velocidad de lecturarápidadurante 5 minutos.

11. Sigaleyendodesdeeste punto, con el objetivo de comprender a la mayor velocidadposible.
Hagaestodurantecincominutos,
luegocalcule y registresuvelocidad de lecturaen w.p.m.

12. Tome un librofácil y comience el principio de un capítulo. Establezca un temporizador para 4 segundos y hojee, con el objetivo de completar una páginacada 4 segundosdurante un minuto.

13. Regrese al comienzo del capítulo y practique la lectura a

suvelocidadmínimadurantecincominutos. El tercerRayo

Tres es probablementesuficiente.

Técnicas de estimulación y escaneo

La siguientetécnica que me gustaríacubrir es la estimulación. Si bien algunos de los ejercicios de velocidad del capítulo anterior puedenconsiderarsesuperficiales, este es más un ejercicio visual que una lectura para comprender. La estimulación lo ayudará a reducir la cantidad de trabajo que sumentedeberárealizar hasta en un 75%, sin una disminuciónsignificativaen la comprensión. Una vez que domines el ritmo, veremos una técnica de escaneomuypotente.

La búsquedaestáenmarcha, gran cazador!

OK, voy a tener que pedirle que vaya a buscar un componenteimportante para nuestropróximoejercicio. Lo ideal es que tenga una regla de plástico o una tira de plásticotransparente de aproximadamente 5 cm de ancho (2 "). Si no tiene una pieza de plástico de alrededor de 5 cm de ancho a mano enestemomento, puedehacersupropiapieza de plásticotransparente.

¡Hagamos una de una botella de aguavacía!

Solo necesitarás una botellavacía, tijerasafiladas,
y tuspoderosospuños de rabia.

Toma todas las frustraciones de la vidaenello,
 Hasta que quede tan planocomo una botella deaguatriturada.
Corta laparte superior e inferior, y luego se corta a lo largo de una de las curvas.

Corta las tiras !!!
Wow,nopuedocreer lo fácil que era! Incluso me atrevería a decir que fuedivertido ... Es posible que

deseeredondear las esquinas un poco, que son un pocoagudas. Una bolsa de sándwich o film transparente, tambiénhará el trucosiusted no tiene una botella.

Si no estádemasiadoenfadado por tener que hurgarensu casa por piezas de plásticotransparente, vamos a seguiradelante con algunosejercicios de estimulación.

Estimulaciónquímica1

Es la forma en laque flashobtuvo sus poderes!

Coloque la tira de material transparenteverticalmenteabajo de una página de texto, y coloque sus manos a cadalado de bloquearcualquiertextofuera de la ventana. El propósito de esto es para definir la sección de la páginaen la que se utiliza la técnica de estimulación. Por sólofijarseen las palabras de la zona de estimulación, suvelocidad de lecturase reduce enaproximadamente un 50%, sin reducirsucomprensión , por tanto se veobligado a pensarmásallá de las palabras que sus ojosestánviendo.

Cuando sus pensamientosestánen la mismamateria que el material que estáleyendo, la adición de sus experienciaspersonales para la lecturaaumentasucomprensión y la memoria. Si lee dentro de la zona de estimulación al deslizar la guíahaciaadelante y haciaatrás o en un patróntipo Z \ S al final de la página, verá que ha leídoaproximadamente 200 palabras con no más de 50 o 60 fijaciones. Todo el tiempo que lees de estamanera, tusojosven y captan las palabras extrañas con tuvisiónperiférica y estáspensandotodo el tiempo, reuniendo ideas, porquetucerebro es una esponja de tofu grande que tiene sed de absorber el conocimiento. (o lo que sea...).

Los primeros 10-15 días al usarestatécnica, esperan ser frustrantes. Al principio puede que recuerdessólo 3 o 4 palabras de cadalectura, perosuobjetivo es irmásallá del acto literal de recordar las palabras aisladas, a la captación y relatividad de las ideas.

Estorequiere de muchapráctica, por lo que no se dé por vencido!

Una vez que se hanacostumbrado a estetipo de lectura, se puededesarrollar y utilizar la técnicaaúnmásdejando que tusojosvayanmásallá de los límites de tuguía, la selección de la página de las palabras que son másinformativos. A medida que la práctica de esta forma, tratar de fijarenpartes del habla, es decir, sustantivos, verbos, adjetivos, etc. Encontrarás que comienzas a vermás y más a través de la visiónperiférica, y comoresultadoencontrará que se estáconcentrandomás y acelerandosupensamiento.

RECUERDA: Amplíatuvisión. Enlugar de centrarteen una palabra a la vez, concéntrateencuatro, siete o diez palabras. Confíaentimismo para poderver las palabras másrelevantes de un vistazo y completar el resto.

Estimulaciónquímica 2

Ok, ok dejaré de torturar al Hombre paloahora.

1. Coloque el libro que pretende leer delante de usted y coloque la regla de plástico o la tiraverticalmenteen la páginacomoen el ejercicio anterior.

2. Use un dedo o un bolígrafocomo un marcapasos; muévalosuavemente por el centro de la página, sobresutiratransparente. Esto lo harámuchomásfácil, hasta que hayadisciplinado sus ojos para "pasear por la página". Es posible que el hecho de mover una tarjetapequeña por la tira de plásticodistraigamenos. La razón para usar la tarjeta, un bolígrafo o los dedos de estamanera es mantener los ojosmoviéndosehaciaabajo a un ritmofluido, no tengamiedo de

experimentar con diferentesmarcapasos.

3. Cuandollegues al final de la página, anotatodas las palabras que recuerdes. Si no recuerdasninguna palabra, no dejes que estotedetenga, mejorarás con la práctica.
Eventualmenterecordaráspensamientos y grupos de palabras con facilidad. Al hacer una pausafrecuente para resumirmentalmente lo que has leído, te resultarámuchomásfácilorganizer tuspensamientos y mejorar la retención.

Al igual que con el aprendizaje de cualquierhabilidad, es posible que deba romper algunosviejoshábitos antes de poderconvertirseen un lector de velocidadcompetente.

Dos de los hábitosmásimportantes que debe romper son el hábito de leer palabra por palabra y esperarlograr una comprensióncompleta. Muchosejercicios de lecturarequieren que olvide la comprensión y concentretodos sus esfuerzosen la habilidadfísica de leer rápidamente. Para dominar la técnica del ritmoadecuado, debe comprender la capacitación que está a punto de alimentarsumente. Se le pide que mire las palabras tan rápido que posiblemente no puedapronunciarlas, y tan rápido que tampoco las entenderácompletamente. Cadavez que hagas los ejercicioscomprenderásunaspocas palabras. A medida que continúes con estosejercicios, comenzarás a comprender los pensamientos y, finalmente, estoequivaldrá a una velocidad de lecturamuchomásrápida para ti. Al realizarestetipode ejercicio, siempre debe regresar y releer el pasaje a un ritmocómodo, a un ritmoen el que puedaobtener una comprensiónadecuada. Cadavez que hace un ejercicio de velocidad y luegovuelve a lo que parece ser suvelocidad normal, encontrará que suvelocidad normal se ha vueltomásrápida.

Dado que el idiomainglés es

inmensamenteredundante, se puedeomitir una gran cantidad de material sin ningunapérdida de significado; una gran parte de la informaciónen un texto dado puede ser absorbida a través de la visiónperiférica. Las palabras que tienen una altaprobabilidad de apareceren un contexto dado no tienen que verificarse al mirarlasdirectamente; la visiónperiféricapuedeverificar que las palabras sean las esperadas, inclusocuando el ojo se estáfijandoenotraparte. Practicar las técnicas de estimulación lo ayudará a prepararse para leer de estamaneraampliada, no leyendo a lo largo de cadalínea, sino de lado a lado del centro de la página, observando la mayor parte de una líneaen una mirada, y tambiénabsorbiendoperiféricamentevarias líneasmásdebajo. eso.

Un lector experto es capaz de obtener una comprensiónadecuada del punto que el escritorintentabaexponer,

haciendoplenouso de la visiónperiférica. Este uso de la

visiónperiféricaayudaaacelerar la lectura, asícomo a aumentar la comprensión.

Muchosestudiantesdescubren que tan pronto como se vuelvenadeptos a la lecturaveloz, sucomprensiónaumenta.

Los lectoresexpertosenvelocidadtienen una perspectivamásamplia de lo que estánleyendo, y comoestánleyendomásrápido, la memoria a cortoplazo de lo que se acaba de leer se remonta a variasoraciones y las palabras que se leenactualmente se entienden dentro de un contextomásamplio. El entrenamiento de altavelocidadtiene dos ventajasadicionales; lo alienta a ver las palabras clave en el texto y aporta el hemisferio derecho de sucerebro (que controla la visiónperiférica) al proceso de lectura. De este modo, se aumenta la integración y se facilita la capacidad del cerebro derecho para establecerrelaciones dentro del material.

Exploración

Un escaneo es un patrónfijo de búsqueda. El escaneo es másútilcomoacciónpreliminar, para obtener una vista previa del material rápidamente antes de leerloenprofundidad, o para determinarsi es inclusonecesaria una lecturaenprofundidad. Darle al material un escaneosuficiente le darámás del contexto de lo que leerá y, habiéndolo visto una vez, tendráciertafamiliaridad y se mejorará la retención.

Sigue los pasos a continuación y realiza un escaneorápido de una novelaligera.

1. Establece un temporizador de 15 segundos; con el objetivo de terminar una página antes de que acabe el tiempo. Con una ampliapráctica, estetiempo se reducirá a 12 o 10 segundos por página, ¡talvezinclusomenos!

2. Estásbuscando personas significativas, eventos y conflictos. Detente al final de cadacapítulo para revisar lo que acabas de

leer. Especulasobre los contenidos del próximocapítulo antes de seguirleyendo; Tesorprenderás de lo preciso que puedes ser.

3. Una vez que hayaterminado de escanearvarioscapítulos (no más de cinco), probablementetendrá que hacersealgunaspreguntasrelacionadas con eventosperdidos e información. Especulesobreestasrespuestas, luegoregrese y vuelva a leer estoscapítulosnormalmente, para versiestabaen lo correcto.

4. Cuandohayallegado al final del libro de la manera anterior, tómese un tiempo para resumir la historiamentalmente. Forme y respondacualquierpregunta sin respuestaacerca de la historia y evalúe lo que obtuvo de estelibro.

Al utilizar los ejerciciosanteriores, pronto descubrirás que tienemucha mayor concentración y retención. A través de estosprocedimientoshabrásdesarrollado una habilidadduradera y muyútil.

El escaneo es un método de dos etapas que involucra la recopilación y organización de hechos e ideas relacionadosen la secuencia que tienemássentido.

Técnicas de lecturaenprofundidad

Las técnicas de escaneo no son realmenteideales para la ficción, ya que sabes lo que sucederá antes de tiempo, arruinandoefectivamente la historia. Con material serio y no ficticio, son útiles para evaluar los contenidos y la calidad, proporcionar un contexto para suestudio, encontrar una entrada en particular o decidirsirealmenteestudiar el material.

Ser capaz de leer a 2.000 palabras por minutotienepoco o ningún valor, si media hora mástarde se ha olvidado el 90% de la información. La lectura, como se describióanteriormente, incluye no solo el reconocimiento y la asimilación del material escrito, sinotambién la comprensión, la retención, el recuerdo y la comunicación. El enfoquemáscomún para el estudio de un nuevo texto es elenfoque "inicioycuerpo"

. El lector abre un libroen la página 1 y lee hasta el final. Este podríaparecer el enfoquemásobvio, pero de hecho es un usoineficiente del conocimiento y el tiempo del lector y tiene una serie de desventajas:

1. Es posible que se pierdatiemporevisando material que ya es familiar, irrelevante para el estudioencuestión o que puedaresumirsemásconvenientemente másadelante.

2. El lector no tiene una perspectiva general hasta que termina el texto, y posiblementenisiquieraentonces.

3. Cualquierinformación que se retienegeneralmente es desorganizada, raravezestá bien integrada con el resto del

libro, ni con el conocimientocompleto del lector.

4. La motivación es baja y el lector tiendeaaburrirse, embotarse y cansarse; conduciendo a la eficiencia de lecturapobre.

Un enfoque lineal para estudiar es comoir de compras al caminarsistemáticamente por cada pasillo del centrocomercial, ir a cada tienda, con la esperanza de encontraralgopero no saber qué.

El enfoqueholístico para estudiar es paralelo a la actividad normal de las compras; unoprepara una lista de lo que se requiere, sigue la ruta a su tienda deseada (notandootrosescaparatesen el caminoencaso de que contenganartículos de interésinesperados), y visita solo aquellas tiendas que contienentodo lo que unonecesita, con suerte con el tiempo y energía de sobra.

La lecturaenprofundidad o "estudio" es el proceso de lecturamáscomplicado y más lento. Comience con una encuesta inicial o lectura previa (consulte el capítulo de escaneo), reuniendo el contexto y los conceptos principales; La lectura en profundidad implica un pensamiento crítico y analítico para interpretar, evaluar, juzgar y reflexionar sobre información e ideas. Para su facilidad de escaneo, he desglosado la lectura en 4 pasos principales.

1. Recopilación de hechos e ideas.

2. Clasificación de los hechos e ideas para la importancia relativa y su relación entre sí.

3. Medir estas ideas contra la base de conocimiento existente.

4. Un proceso de selección; separando las ideas en aquellas que desea recordar o sobre las que debe actuar, e ideas que desea rechazar.

Las técnicas de lectura en profundidad son una forma de auto-cuestionamiento. Mientras leemos, intentamos responder preguntas de CÓMO y POR QUÉ, junto con las sugerenciasimplícitas; Explicar, describir, evaluar, interpretar, ilustrar y definir. Al leer material no ficticio y otro material serio, el procedimientocompleto es el siguiente:

1. Establecer el propósito

Responda la siguientepregunta lo máscuidadosamente y completamenteposible:

¿Quéquieroaprender de este material?

Surespuestaaestapregunta es supropósito para la lectura. Puede ser útilenestaetaparevisarsuconocimiento actual del tema, ya que probablemente no se dispongaaestudiarinformación con la que yaestéfamiliarizado. Estarápidarevisión de suconocimientoexistenteayuda a proporcionarle un objetivo claro para la sesión de estudio y expone las lagunasen el conocimiento y el correspondientedeseo de conocimiento.

2. encuesta

Un libro o publicación debe ser encuestado de la siguientemanera:
• Lea el título y cualquiersubtítulo.
• Descripciones de la página de ventas.
• Resúmenes de la cubierta (en el caso de un librofísico).
• Opiniones de los clientes (recuerde que son fáciles de falsificar, así que desconfíe).
• Identifique la fuente de la publicación, es decir, el autor y el editor.
• Leer la fecha de publicación o copyright. El libro bien puedehaberidomásallá de sufecha de caducidad; p.ej. un librosobreedición de películasescritoen los 80 probablementetendrápoco valor para alguien que no quierausar VHS para grabarsutrabajo.

Quépocosabíamos de resolución.
• Analizar el índice. Los conceptosparticularesenumerados y la

forma en que estánorganizados le diránmuchosobre la perspectiva del autor y si el librocubrirá o no las ideas con las que estátratando de familiarizarse. Con frecuencia, el Índice es una mejorguía para estos fines que confiaren la página de contenido.

• Lea el Prefacio. Casisiempreescritoúltimo; a menudo proporcionará un excelenteresumen, y generalmente una declaración de propósito para el libro y una nota sobre la perspectiva del autorsobre el tema. Tambiénescanea el avance y la introducción.

• Lea la Tabla de contenido, tome nota de la secuencia y compruebe los resúmenes de los capítulos. Los resúmenes de los capítulos son un resumen de los contenidos del capítulo. Con frecuencia le informaránsi una publicaciónen particular es adecuada para sus propósitos.

• El siguientepaso es echar un vistazo al material ensí. Lea los mapas, gráficos, ilustraciones, cuadros y encabezadosennegrita. Tenga una idea del

contenido real del libroobservando los comienzos y finales de los capítulos, los encabezados de las subsecciones y cualquierotracosa que llame la atención; busqueletrasennegrita, seccionesencursiva, etc. Lea los resúmenes que el autorhayaproporcionado. Si hay preguntas de estudio al final de cadacapítulo, definitivamentedeberíamirarlastambién.
Esto le dará una indicación del nivel del libroenrelación con suconocimiento actual.

Una vez que hayacompletado los pasosanteriores, ahorapuedetomar una decisióninformadasobresi el libro vale sutiempo o no.

3. RevisarPropósito

Una vez que hayarevisado el material y obtenidomásinformación, si ha decididousar el libro; Revisatupropósito original para leer el libro.
Pregúntate: ¿Por quéestoyleyendoesto?

Estoestablecerá sus objetivospersonales de aprendizaje.

4. Estudioenprofundidad.

Teniendoencuenta lo que quieresaprender, especulasobre la información que obtendrás del material. Cuandocomience a leer, asegúrese de tenerencuenta lo que quierelograrinvirtiendosutiempoenestelibro. A veces es inapropiadocomenzardesde el principio, así que use las técnicas de escaneoanteriores para decidirdóndecomenzar a leer.

Supropósito general para leer el material es sumejorguía.

Para estudiar con la máximaeficiencia, la maneraen que el autorpresenta sus ideas exigirá que varíeconstantemente la velocidad de lectura y la técnica de lectura que estáutilizando. Si continúaleyendo a la mismavelocidaddurante un períodoprolongado, es una buenaindicación de que no estáleyendo con flexibilidad y de que se estápermitiendo ser ineficiente. Tome notas, anote ideas principales, palabras clave y use MapasMentales. Tambiénayuda a marcar o subrayar / guardar palabras clave y conceptos dentro del propiolibro (la mayoría de los dispositivostienenestafunción y una rápidabúsquedaen Google le enseñarácómo), para ayudar a revisar. Si es un libro de papelantiguo (y tepertenece a ti ...), no tengasmiedo de usarbolígrafos de diferentescolores y escribe entodotulibro; Ayuda a la memoria y distingue diferentestemas y temas para una revisión posterior.

Estépreparado para omitirsecciones que yaseanfamiliares, irrelevantes, de relleno, de repetición, desactualizadas o enexceso (cadaescritor es culpable de haceresascosas de vezencuando). El hecho de que se hayaescrito no significa que sea 100% verdadero, así que asegúrese de rechazar los argumentosfalsos;

estas incluyen: generalizaciones apresuradas, premisas falsas, fuentes indefinidas, uso incorrecto de las estadísticas, y la lista continúa ... Solo use su sentido común e Internet, y estoy seguro de que estará bien. Preguntar continuamente quién, qué, por qué, dónde, cuándo y cómo. Hacer preguntas continuamente lo ayudará a extraer datos importantes, así como a proporcionar un diálogo interactivo útil entre usted y el material de estudio.

La pregunta **Quién** te ayuda a tener en cuenta a cualquier persona. Quienes son importantes para la información contenida en el libro. ¿Por qué clasifica los propósitos? Cómo se clasifican las secuencias de causa y efecto, las secuencias de tiempo, las instrucciones de procedimiento o proceso o dónde encaja la nueva información en su vida. La pregunta **Dónde** señala dónde se está llevando a cabo la acción o dónde se puedeutilizar la nuevainformación. La preguntaCuándoindicarácuándotendráluga r un sujeto y cuándopodráutilizar la información que estásiendoabsorbida. Y ciertamente no menosimportante, la pregunta ¿**Qué?**tepermiterealizar una encuestarápida de tusconocimientosactuales Tome descansosregularescadatreinta o cuarentaminutos. Después de cada breve descanso, tómese un minuto para revisar el trabajo anterior; Estoconsolida la retención.

5. Evaluación

Sus pensamientosdebenorganizarse de una manera que simplementedescriba la información que ha aprendido y cómo se centraespecíficamenteensupropósito
principal. Tus pensamientospueden ser organizados de la siguientemanera:
• Indique la idea oconceptomásimportanterelacionado con supropósito de lectura.
• Enumere las palabras clave, los hechos y

la informaciónrelacionados por orden de importancia: utilice la menorcantidad de palabras posible.

• Finalmente, escriba palabras o frasesimportantesenrelación con las ideas enumeradasanteriormente. Las cosasmásimportantes para anotar son personas clave, eventosimportantes, lugares y fechas. Estosactuaráncomocorredores de pensamiento o pistas de memoria, que se relacionandirectamente con las ideas primarias y secundariasenumeradas.

Estodeberíatenerlo bien encaminado para poder absorber información de la maneramásefectivaposible.

El fin

Ahora que has leídotodo el libro al menos una vez y eres un profesionalen los ejercicios; Me gustaría que volvieras a hacer la prueba de velocidad que deberíashabercompletado al comienzo de los ejercicios.

Entonces, ¿teconvertisteen un lector sobrehumanoentuprimeraejecución?
Estoyseguro de que ha logrado una mejora considerable con respecto a la velocidad que estabaleyendocuandohicisteclic por primeravezen el botónComprarahora de estelibro. Por favor, no se desanimesiaún no tienesu W.P.M a un ritmoexcesivamenteimpresionante, las actividadesfuerondiseñadas para ser revisadas, ¡así que no terindas!
Siguepracticando los ejercicios y sorprenderás a jóvenes y adultos con tusfabulosashazañas de asombro antes de que te des cuenta.

Solo recuerda que no sucede de la noche a la mañana y que, comotodo lo que vale la pena, requerirámuchotrabajo y determinación. ¡Así que establecetusmetas y haz lo que seanecesario para alcanzarlas! Tútienestodos los pasos para convertirteen un lector de velocidadcompetente, depende de tíseguirlos y hacer que suceda.

La lecturaveloz es solo una piezapequeña del rompecabezas que erestú, ¡y ser el mejor que puedas! La vida es un viaje sin parar; solo perdemossidejamos de intentarlo, siempreprocura ser mejor de lo que eras ayer! El tiempo que pasasdescansandofrente al televisor es un tiempo que puedes pasar mejormoldeando a timismoen la mejor forma de vidaposible que tuslimitacionesfísicastepermitan. Esta es exactamente la razón por la que creé la serie de libros "¡Conviérteteen un superhombre!" Cadalibroestádiseñado para proporcionarte una nuevahabilidaden el menortiempoposible. ¿Por quéconformarse con tener una sola superpotencia? ¡El poderestá dentro de ti para tomar el destinoentuspropias manos y llegar a ser tan poderosocomoelijas ser!

www.ingramcontent.com/pod-product-compliance
Lightning Source LLC
LaVergne TN
LVHW011944070526
838202LV00054B/4796